Sri Mata Amritanandamayi

Biografia

Sri Mata Amritanandamayi

Biografia

di

Swami Amritaswarupananda Puri

Mata Amritanandamayi Center, San Ramon
California, Stati Uniti

Sri Mata Amritanandamayi - Biografia
Swami Amritaswarupananda Puri

Pubblicato da:
Mata Amritanandamayi Center
P.O. Box 613
San Ramon, CA 94583
Stati Uniti

––––––––––––––– *Biography (Italian)* –––––––––––––

Prima edizione a cura del MA Center: agosto 2016

In Italia: www.amma-italia.it

In India:
inform@amritapuri.org
www.amritapuri.org

Ringraziamenti

Molti degli avvenimenti narrati in questo libro sono tratti dalla biografia di Amma in malayalam del Prof. Ramakrishnan Nair, al quale va la nostra piena gratitudine. Esprimiamo grande riconoscenza anche a tutti coloro che hanno partecipato alla pubblicazione del presente volume.

Indice

Prefazione

Pradipajvalābhirdivasakaranīrājanavidhih
sudhāsūteshcandropalajalalavairardhyyarachanā

Svakīyairambhōbhih salilanidhisauhityakaranam
tvadīyābhirvāgbhistava janani vāchām stutiriyam

*O Madre! Queste parole di lode, composte in tuo onore con parole tue,
sono come adorare il sole con i suoi stessi raggi, come offrire alla luna
l'acqua che sgorga da pietre di luna, e rendere omaggio all'oceano
con le sue stesse acque.*

Saundaryalahari, verso 100

Ci troviamo di fronte ad una mistica accessibile a tutti, con la
quale si può conversare e alla cui presenza si può percepire Dio.
E' umile, ma salda come la Terra. E' semplice e tuttavia meravigliosa come la luna piena. E' Amore, è Verità, è l'incarnazione
della rinuncia e del sacrificio. Non insegna soltanto, ma agisce
anche. Dona ogni cosa e non riceve nulla. E' tenera come un
fiore, ma dura come un diamante. E' un grande Maestro e una
grande Madre. E' Mata Amritanandamayi.

E' nata in piena consapevolezza. Dopo aver praticato, o
aver dato l'impressione di farlo (non sappiamo quale dei due)
una rigorosa *sadhana* (disciplina spirituale), sta letteralmente
abbracciando il mondo intero con un amore e una compassione

9

di dimensioni indescrivibili, l'amore e la compassione che sono la fibra del suo essere.

Fin dalla tenera infanzia ha cercato la Madre e il Padre divini, pur senza la guida di un Maestro. Ha resistito all'attacco dei suoi parenti, dei razionalisti e dei miscredenti che cercavano di distruggerla. Sola in mezzo a questo campo di battaglia, ha affrontato ogni cosa imperturbabile e con indomito coraggio. All'età di ventun'anni ha manifestato esternamente il suo stato di Realizzazione divina e a ventidue ha cominciato a iniziare i ricercatori della Verità alla vita spirituale. All'età di ventisette anni, Amma ha fondato il quartier generale della sua missione internazionale nella casa in cui è nata. Cinque anni più tardi c'erano già venti sedi spirituali disseminate in tutta l'India e all'estero. A trentatré anni, in risposta all'invito dei suoi devoti americani e europei, Amma ha compiuto il suo primo viaggio intorno al mondo, ispirando ed elevando molte persone in tutti i paesi visitati.

Soprattutto ha dato consigli, ha asciugato le lacrime e ha rimosso i fardelli di milioni di persone di tutti i ceti sociali, provenienti da ogni angolo della terra. Lasciamo a te, caro lettore, decidere chi e che cosa lei sia, attraverso l'intuizione del tuo cuore…

Swami Amritaswarupananda

La leggenda

Nell'Alappad Panchayat[1], parte del distretto di Kollam nello stato del Kerala, India del sud, c'è un piccolo villaggio chiamato Parayakadavu. Questo villaggio è situato in mezzo ad un'illimitata distesa di palme da cocco che si estende su una stretta penisola separata dalla terra ferma ad est da una via acquatica intercostale, mentre il lato occidentale del villaggio è lambito dalle onde grigio-blu del Mare Arabico.

Le persone di questo villaggio appartengono all'umile clan dei pescatori che orgogliosamente fanno risalire la loro origine al saggio Parasara. Il saggio Parasara aveva sposato una figlia di pescatori, Satyavati, madre di Sri Veda Vyasa, il famoso codificatore dei *Veda*. Ci sono molte leggende sulla santità e la grandezza di questo villaggio, in cui la vita giornaliera e gli usi sociali sono ancora strettamente legati ai miti divini, storie che gli abitanti credono fermamente siano accadute migliaia di anni or sono. Una di queste leggende è la seguente:

"Una volta il Signore Subramanya[2], figlio del Signore Shiva e della dea Parvati, commise un grave errore. Infuriato per lo sbaglio del figlio, il Signore Shiva lanciò una maledizione secondo la quale Subramanya avrebbe dovuto rinascere come pesce. Angosciata per il destino del figlio, Parvati chiese al Signore di perdonare l'errore di Subramanya. Ma invece di consolarla, Shiva si arrabbiò

---

[1] Circoscrizione di cinque villaggi.
[2] Un altro nome di Muruga, fratello di Ganesha.

ancora di più e condannò Parvati a rinascere come pescatrice. In seguito, quando la sua ira si fu placata, Shiva disse a Subramanya che a tempo debito sarebbe venuto Lui stesso a liberarli entrambi. Secondo la maledizione del Signore Shiva, Subramanya assunse la forma di un pesce, anzi, di un'enorme balena. Quando apparve nel mare di Alappad, la balena causò gravi danni ai pescatori che, abituati a pescare sia di giorno che di notte, ora non potevano più avventurarsi in mare. Qualche volta la balena riduceva a brandelli le reti e altre volte rovesciava le barche mettendo in pericolo le loro vite. Gli abitanti del villaggio furono ridotti alla povertà e alla fame.

Il re dei pescatori non riusciva a trovare una soluzione. Dovendo nutrire il popolo affamato, la tesoreria era in bancarotta. Alla fine, in un estremo tentativo di risolvere il problema, il re emise un editto: chi fosse riuscito a catturare l'enorme balena sarebbe stato riccamente ricompensato e avrebbe anche avuto in sposa la bella figlia del re. Tuttavia, l'enorme balena era così tremenda che nessuno si faceva avanti ad accettare la sfida. Il re e i suoi sudditi erano nella più cupa disperazione, quando dal nord apparve misteriosamente un vecchio. Nessuno sapeva chi fosse. Avvicinandosi al re, la schiena curvata dall'età, dichiarò arditamente che avrebbe potuto catturare l'enorme balena e salvare così la gente dalla completa rovina. Accompagnato dal re stupito e dai suoi sudditi, il vecchio s'incamminò con sicurezza verso il mare.

Dopo aver realizzato una lunga fune con dei particolari rampicanti, l'anziano uomo ne lanciò un capo in mare, tenendo l'altro saldamente in mano. La fune circondò il punto in cui era immersa l'enorme balena. Passando la corda ai pescatori, disse loro di tirare con tutta la forza che avevano e di recitare un determinato mantra per intrappolare la balena con la fune. Seguendo le istruzioni del vecchio, i pescatori cominciarono a tirare ripetendo il mantra. Dopo ore di sforzo immane, la gigantesca balena fu trascinata a riva. Improvvisamente, tra lo stupore generale, la balena svanì e al suo posto comparve Subramanya, che il Signore Shiva aveva liberato dalla maledizione. Nel punto in cui la balena era stata tirata a riva fu eretto un tempio dedicato a Subramanya. Quel tempio esiste tuttora, come un monumento vivente a ricordare l'antica leggenda.

Ma la storia non finisce qui. Shiva, nei panni del vecchio, si fece avanti presentandosi al re e chiedendo come ricompensa la mano della principessa. Il re, che aveva promesso la sua unica figlia in matrimonio a chi avesse salvato il suo popolo, si trovava ora in un dilemma. Anche i suoi sudditi erano turbati. Come poteva un padre, specialmente il re, dare la sua giovane e affascinante figliola, una principessa, in matrimonio ad un vecchio? Il re lo supplicò di chiedere qualunque altra cosa dell'intero regno invece di sua figlia, ma il vecchio rispose con calma che un re deve mantenere la promessa e tener fede alla parola data.

Il re non sapeva più cosa fare. La Verità era la forza dei pescatori, la loro protettrice. Si riteneva che se qualcuno non era sincero, uscendo per la pesca sarebbe caduto nelle fauci spalancate e feroci della morte. Il re non riusciva a prendere una decisione; non poteva venir meno alla parola data, ma neppure dare la sua amata principessa in matrimonio al vecchio. A questo punto, la principessa, che in realtà era la dea Parvati stessa, si fece avanti e parlò senza esitazione: "Padre e nobile sovrano, è dovere di tutti proteggere il *dharma* (rettitudine). Nulla dovrebbe ergersi contro di esso". Abbattuto, il re non ebbe altra scelta se non permetterle di allontanarsi con l'anziano uomo. Nessuno sospettava che l'umile regno fosse diventato il palcoscenico per una commedia divina nella quale il Signore Shiva e la dea Parvati si erano riuniti. Con il cuore pesante, la gente seguì per un po' la coppia divina chiedendo: "Dove state andando? Vorremmo venire con voi". Ed essi risposero: " Non abbiamo una dimora particolare (*uru*); il posto in cui arriveremo sarà la nostra dimora (*chellunna uru*)".

Il Signore Shiva e la dea Parvati proseguirono per la loro strada seguiti dai pescatori e infine si fermarono in un determinato luogo. Mentre il Signore Shiva era in piedi rivolto verso est e la dea Parvati verso ovest, i due si trasformarono in statue di pietra. Chellunna uru (il luogo raggiunto) divenne l'odierna Chenganur.

Sul luogo fu in seguito eretto un tempio e si diede inizio all'adorazione giornaliera, ma accadde una cosa alquanto strana. Ogni volta che nel *sancta sanctorum* veniva portata dell'acqua per l'adorazione, i sacerdoti vi trovavano dentro un pesce. Ciò rendeva impossibile eseguire il rito. Nel tentativo di trovare una soluzione, le autorità del tempio eseguirono alcuni calcoli astrologici e scoprirono tutta la storia del Signore Shiva, della dea Parvati e della maledizione di Subramanya. Inoltre, lo studio astrologico rivelò che il matrimonio fra il vecchio e la principessa non era mai stato celebrato. Secondo l'usanza, gli abitanti della zona costiera di Alappad, dove era nata la dea Parvati nei panni della principessa pescatrice, avrebbero dovuto recarsi a Chenganur con una dote e altri doni nuziali per celebrare il matrimonio. Furono quindi fatti i p−anti di Alappad riunirono il necessario e si recarono a Chenganur per la cerimonia del matrimonio divino. Ancora oggi, ogni anno in occasione delle festività, viene seguita questa usanza a ricordo dell'antica leggenda. Il tempio è ancora un centro di attrazione per migliaia di devoti.

Alcuni decenni fa si verificò un episodio interessante legato a questa storia. Un anno la gente della zona costiera di Alappad non partecipò alle celebrazioni, pensando che non avessero più senso e che recarsi fino a Chenganur fosse solo uno spreco di denaro. Pensavano: "Perché dovremmo partecipare a una festa che viene celebrata in un luogo lontano?". Immediatamente nel tempio di Chenganur si verificarono strani fenomeni. L'elefante decorato che avrebbe dovuto trasportare in processione l'idolo del Signore non si mosse, rifiutando di compiere anche un solo passo. Tutti gli sforzi per farlo muovere fallirono. La notizia di questo infausto evento giunse immediatamente ad Alappad, ma era troppo tardi. Nel villaggio era già apparso il vaiolo. Rendendosi conto del loro sciocco errore e pieni di rimorso, gli abitanti andarono immediatamente a Chenganur portando tutto il necessario per contribuire alla celebrazione secondo l'usanza.

Questa è l'antica tradizione, intimamente e inconfondibilmente legata a questa terra e alla sua gente. C'è quindi da meravigliarsi che questo luogo sacro sia diventato ancora una volta palcoscenico per una rappresentazione divina?

Capitolo 1

Fin dalla nascita

"Fin dalla nascita provai un'intensa attrazione per il nome di Dio, al punto da ripeterlo incessantemente ad ogni respiro, e un costante flusso di pensieri divini mi occupava la mente, ovunque mi trovassi e qualsiasi cosa facessi. Questo pensare ininterrotto a Dio con amore e devozione aiuterebbe immensamente qualunque aspirante a raggiungere la realizzazione di Dio".

Sri Mata Amritanandamayi

Thīrthikurvanti tīrthani sukarmikurvanti karmāni saccāstri
    kurvanti śāstrāni
modante pitaro nrityanti devatāḥ sanatha ceyan bhūrbhavati

*I grandi Santi conferiscono divinità ai luoghi di pellegrinaggio,
rendono le azioni rette e buone, e donano autorità spirituale alle
Scritture.
Quando nasce un tale Santo, gli antenati gioiscono, gli dèi danzano
felici e la Terra acquista un saggio.*

Narada Bhakti Sutra, versi 69-71

Discendenza

Gli Idamannel erano un'antica famiglia la cui terra, nel villaggio di Parayakadavu, formava una piccola parte dell'Alappad Panchayath. Sebbene il loro lavoro tradizionale fosse la pesca, si occupavano anche di altre attività. Una parte importante della loro vita quotidiana era dedicata alle pratiche religiose e all'osservanza di vari voti. Inoltre, i pescatori della famiglia erano noti anche per la loro generosità. Quando tornavano dal mare con le reti piene, per prima cosa regalavano un po' di pesce alle persone che si erano riunite sulla riva e, dopo aver venduto il frutto della pesca, prendevano una manciata di monetine e le distribuivano ai bambini.

Nella famiglia Idamannel nacquero molte anime pie e Sri Velayudan fu una di queste. Compassionevole, sincero e generoso, si atteneva fermamente all'ideale dell'*ahimsa* (non violenza). Non permetteva che si uccidesse nemmeno un topolino. Velayudhan sposò Srimati Madhavi, una donna casta e pia che era solita alzarsi prima dell'alba e preparare ghirlande di fiori per tutte le divinità del tempietto di famiglia. Mentre lavorava recitava sempre i nomi di Dio e fino all'età di ottant'anni continuò a sedersi ogni giorno davanti al tempio a preparare ghirlande di fiori con la stessa devozione.

Sugunandan era il maggiore dei loro cinque figli. Ispirato dall'atmosfera devozionale della famiglia, divenne un ardente devoto del Signore Krishna. All'età di nove o dieci anni, iniziò a studiare Kathakali, una classica danza teatrale del Kerala, che descrive i giochi e le piacevoli distrazioni degli dèi e delle dee. Mentre gli attori illustrano la storia con danze e *mudra* (gesti divini), i cantori la narrano in musica. Il personaggio che Sugunandan preferiva interpretare era Sri Krishna. Una volta, durante una rappresentazione di Kathakali, si identificò talmente nel ruolo di Krishna che cadde sul palco privo di sensi.

L'atmosfera attorno a Idamannel era molto calma e serena. L'area era lambita su tre lati dalle *backwaters*, popolate di animali selvatici e circondate da una lussureggiante vegetazione composta di palme da cocco, alberi da frutta e anacardi. A quel tempo c'erano pochissime case nei dintorni. Tornando a casa da scuola, quando era un ragazzino di tredici o quattordici anni, Sugunandan e suo cugino si dilettavano nel loro passatempo preferito di arrampicarsi sugli alberi di anacardi per mangiarne i deliziosi frutti. Un giorno i due ragazzi erano occupati a raccogliere gli anacardi quando videro un *sannyasi* (monaco) con barba e capelli lunghi avvicinarsi a Idamannel. Non lo avevano mai visto prima ed erano affascinati dal suo aspetto radioso. Dopo aver passeggiato per un po' nella proprietà, all'improvviso il sannyasi scoppiò in una risata estatica ed esclamò ad alta voce: "Vedo molti asceti seduti in profonda meditazione in questo luogo. Tempo fa questa era la dimora di molte grandi anime le cui tombe si trovano qui sotto. Qui molti sannyasi raggiungeranno la liberazione. Questo diventerà un luogo sacro". Il sannyasi riprese a ridere beato e proseguì per la sua strada, e nessuno lo vide mai più. Perplessi dalle affermazioni del mendicante, i ragazzi ritornarono ai loro passatempi. Sarebbero passati molti anni prima che Sugunanandan e il cugino scuotessero la testa meravigliati ricordando le parole profetiche del monaco errante.

Di lì a poco Sugunanandan iniziò a dedicarsi all'attività familiare di commercio del pesce e sposò Damayanti, una ragazza ventenne del vicino villaggio di Bhandaraturuttu. Damayanti era nata in una famiglia di devoti in cui le pratiche religiose venivano eseguite regolarmente ogni giorno. La sua famiglia aveva perfino un tempio proprio. Fin dall'infanzia Damayanti aveva condotto una vita virtuosa. Suo padre, Punyan, e sua madre, Karutta Kunya, erano due devoti esemplari: l'atmosfera familiare favoriva una vita pura e religiosa.

Damayanti era così pia che gli abitanti del villaggio la chiamavano con reverenza "Pattathi Amma", o "la signora *brahmina*". Poiché la devozione era l'interesse centrale della sua vita, osservava vari voti religiosi quasi ogni giorno. Digiunava frequentemente e rompeva il digiuno bevendo l'acqua di noci di cocco che misteriosamente cadevano dagli alberi.

In totale, a Damayanti e a Sugunanandan nacquero tredici figli, di cui però quattro morirono alla nascita e uno dopo cinquantatre giorni. I nomi dei figli che sopravvissero, quattro figlie e quattro figli, sono, in ordine cronologico dal più anziano al più giovane: Kasturi, Subhagan, Sudhamani, Sugunamma, Sajani, Suresh Kumar, Satish Kumar e Sudhir Kumar. Di questi bambini, era Sudhamani quella destinata a diventare nota in tutto il mondo come Mata Amritanandamayi, Madre di beatitudine immortale.

Durante la quarta gravidanza, Damayanti cominciò ad avere delle strane visioni. A volte faceva sogni bellissimi sul Signore Krishna, altre volte vedeva i giochi divini di Shiva e della Madre Divina. Una notte Damayanti sognò che un essere misterioso era

21

venuto ad affidarle una statuetta d'oro di Krishna. Quasi contemporaneamente, Sugunanandan sognò la Madre Divina. Poiché era un devoto del Signore Krishna, non riusciva a comprendere il motivo per cui improvvisamente gli fosse apparsa la Devi. Nel raccontare la storia a Damayanti, scoprì che anche lei aveva avuto molte strane visioni. Entrambi si chiedevano quale potesse essere il significato e se non stesse per capitare loro qualche grande fortuna.

In quel periodo, Sugunanandan e Damayanti vivevano in una piccola capanna in riva al mare più conveniente per il commercio del pesce rispetto a quella nella proprietà di famiglia a Idamannel, a cinque minuti di strada verso l'interno. Durante le tre gravidanze precedenti, Damayanti aveva sperimentato un gonfiore in tutto il corpo alcune settimane prima del parto. Questo per lei era diventato il segnale di alleggerire la propria routine quotidiana e ritornare alla casa di famiglia, a Bhandaraturuttu, dove avrebbe avuto la necessaria assistenza durante il parto. Damayanti aspettava che si verificasse il gonfiore prima di prepararsi per la nascita del quarto figlio.

Una notte, Damayanti fece un sogno meraviglioso nel quale aveva dato alla luce Krishna, che aveva tra le braccia e stava allattando. Il mattino seguente, mentre lavorava sulla spiaggia, improvvisamente ebbe la sensazione di essere sul punto di partorire. Non ci fece però caso, poiché il famoso gonfiore non era ancora comparso. Ma questa strana sensazione persistette e Damayanti smise di lavorare. Per qualche ragione sentì l'inspiegabile impulso di recarsi a Idamannel e, attraversando tutta sola le backwaters, raggiunse la terraferma. Dopo essere entrata nella capanna, cominciò a sistemare alcune cose. Un attimo dopo sentì una sensazione familiare e si rese conto che era arrivato il momento del parto. Fece appena in tempo a distendere una stuoia e a sdraiarsi che il bambino era nato! Damayanti ne restò scossa. Notò che era una femmina. L'atmosfera in cui si era verificata la nascita era colma di silenzio e pace. Oltre alla sensazione iniziale che l'aveva messa in guardia, Damayanti non aveva provato alcun disagio. Ora che stava tornando in sé, cominciò a preoccuparsi. Era viva? Non udiva i vagiti tipici di un neonato. Ansiosamente la esaminò, ma ciò che vide la scosse ancora di più. La bambina aveva un radioso sorriso sul visino! Il suo sguardo penetrò così profondamente nel cuore di Damayanti che non fu mai dimenticato. Nel frattempo, una vicina apparve sulla soglia della capanna. Rendendosi immediatamente conto di quanto era successo, cominciò a darsi da fare per aiutare sia la madre che la bimba. Fu così che, la mattina del 27 settembre 1953, una bambina nacque in un'umile capanna di foglie di palma intrecciate, con il costante eco delle onde dell'oceano proveniente dalla vicina spiaggia.

I genitori erano sbalorditi dalla carnagione blu scura della bambina e dal fatto che stesse sdraiata in *padmasana*[1] tenendo le dita in *cinmudra*[2], con la punta dell'indice e del pollice che si toccavano a formare un cerchio. Temevano che il colorito blu scuro potesse essere il sintomo di qualche strana malattia e che la peculiare posizione fosse dovuta a una struttura ossea anormale o a una lussazione. Furono consultati diversi medici. La paura di un'anormalità ossea svanì grazie a degli esami. In quanto al colore della pelle, non poteva essere attribuito ad un carattere ereditario, poiché sia Sugunanandan che Damayanti avevano una pelle piuttosto chiara. Ai genitori fu consigliato di non fare il bagno alla neonata per sei mesi, nella speranza che la misteriosa malattia che colorava in quel modo la pelle guarisse da sé.

Dopo sei mesi la bambina aveva ancora la stessa carnagione blu scura che ricordava il Signore Krishna e la Madre Divina Kali. Con il passare del tempo questo colorito blu scuro diventò marrone scuro ma, quando il desiderio della piccola di avere la

---

[1] La posizione del loto dell'hatha yoga.

[2] Questo *mudra* simboleggia l'unità del sé individuale con il Sé supremo.

visione del Signore Krishna si intensificava, la sua pelle assumeva di nuovo un colore blu. Il fenomeno continuò a ripetersi anche in seguito, specialmente durante gli Stati divini di Krishna e Devi. Ironicamente, fu proprio a causa di questo colorito scuro che Damayanti e gli altri membri della famiglia presero a trattare questa bambina con grande disprezzo. La loro avversione verso la bambina dalla pelle scura li portò poi a considerarla la serva di famiglia. Infatti, solo alcuni parenti stretti furono informati della nascita, poiché a questa neonata non venne data molta importanza. Era una femmina, e Damayanti aveva già dato alla luce altri tre figli.

Chi avrebbe immaginato che questa bambina dallo strano colorito blu, nata sorridendo in una piccola capanna sulle rive del Mare Arabico, fosse in verità un gigante spirituale venuto a questo mondo per riversare pace e amore divino sull'umanità sofferente? Chi avrebbe previsto che il destino spirituale di questa piccola consistesse nell'aiutare migliaia e migliaia di ricercatori ad attraversare l'oceano della trasmigrazione?[3]

Fin dalla sua nascita, la famiglia cominciò a notare segni insoliti che sarebbero stati compresi soltanto anni dopo. Normalmente un bambino progredisce attraverso vari gradi di sviluppo. Dapprima resta sdraiato sulla schiena, poi si gira, quindi si mette a pancia in giù e si spinge con le braccia. Infine comincia a camminare carponi e dopo qualche mese si alza sulle gambe aggrappandosi a qualcosa. Tutto questo culmina poi in una serie di passi incerti all'età di circa un anno. Ma nel caso di questa bambina le cose andarono diversamente: non passò attraverso nessuno di questi stadi. Un giorno, a soli sei mesi, la bimba improvvisamente si alzò e cominciò a camminare direttamente verso la veranda. Poco tempo dopo iniziò a correre, per la gioia e meraviglia dei presenti.

---

[3] La metaforica rappresentazione del ciclo di nascita, morte e rinascita.

Gioiello di nettare

Alla loro sorprendente bambina i genitori diedero il nome Sudhamani, "Gioiello di nettare". Contrariamente alla maggior parte dei bambini di quell'età, Sudhamani cominciò a parlare la sua lingua madre, il *malayalam*, a soli sei mesi. Appena iniziò a esprimersi abbastanza bene, manifestò anche la passione di recitare i nomi di Dio. All'età di due anni, senza essere istruita da nessuno, cominciò a recitare preghiere e a cantare brevi inni in lode a Krishna. Naturalmente, la famiglia rimase stupita quando la sentì. L'anno successivo, Sudhamani sviluppò l'abitudine di recitare melodiosamente ad alta voce i nomi di Dio. Da quel giorno quest'abitudine è continuata senza interruzione. A quattro anni, seduta di fronte alla sua piccola immagine preferita del Signore, cantava con fervore devozionale le sue brevi composizioni.

Fin dall'infanzia Sudhamani era piena di vita e di vigore. Era obbediente ed amata da tutti nel villaggio. Perfino chi non la conosceva sentiva un'inspiegabile attrazione e affetto per lei. L'amore per Dio, l'interesse per gli altri ed altri nobili tratti si manifestarono in lei fin dalla prima infanzia. Per queste qualità virtuose, tutti nel villaggio la chiamavano con il vezzeggiativo "Kunju", che significa "la piccola". Stranamente, queste stesse qualità più tardi divennero il pretesto per gravi insulti e maltrattamenti da parte della famiglia e dei parenti.

All'età di cinque anni, fluiva dal suo cuore un visibile torrente di devozione per il Sri Krishna e poco tempo dopo questo amore prese la forma di *bhajan* (canti devozionali), pieni di ardente desiderio per il Signore Krishna. Il modo incantevole e pieno di sentimento con cui cantava quelle composizioni semplici e tuttavia profondamente mistiche divenne ben noto in tutto il villaggio. Mentre cantava, concentrava lo sguardo su una piccola immagine di Krishna che teneva sempre nella sua camicetta. Poi sedeva a lungo immobile. Questo comportamento insolito e la sua intensa devozione stupivano tutti e attiravano l'attenzione dei devoti del villaggio, che si alzavano di buon mattino solo per ascoltare il canto angelico della piccola che salutava il nuovo giorno.

Ampati Tannile

Signore che hai protetto Gokulam
Nelle sembianze del caro bambino di Ampati,
Signore dell'oceano di latte,
Dal colore delle nuvole e gli occhi di loto,
Ti adoro a mani giunte...

Ti prego, dona sollievo ai peccatori,
Tu dal colore delle nuvole scure.
Ti prego, mostra compassione
Ai poveri di questo villaggio...

Signore con il flauto, che indossi vesti gialle
E una ghirlanda di gelsomino,
Ti prego, vieni a suonare il flauto.
Tu che hai distrutto Putana, proteggimi!

Adagiato su un enorme serpente,
Signore di Gokulam
Che hai fermato la pioggia torrenziale,
Ti prego, uniscimi ai tuoi piedi di loto
Liberando così la mia anima dal dolore...

Già a questa tenera età, in Sudhamani si notavano tracce evidenti di divinità. Mentre era impegnata a giocare o in altre attività, improvvisamente si ritirava in se stessa. In queste occasioni, i genitori o altri membri della famiglia la trovavano seduta immobile in qualche luogo solitario. Oppure la vedevano seduta in riva alle backwaters a guardare intensamente l'acqua o a fissare in silenzio il cielo blu come trasportata in un altro mondo. Non era infrequente trovarla seduta in solitudine con gli occhi chiusi. Quando veniva ridestata, sembrava assente.

Incapaci di comprendere il valore degli insoliti stati di consapevolezza della figlia, i genitori sgridavano Sudhamani perché non giocava come gli altri bambini. Questo segnò l'inizio di un lungo periodo di malignità e incomprensioni dei suoi voli nel regno del Divino. Da parte loro, i genitori temevano che il suo insolito comportamento indicasse un disordine psicologico.

A cinque anni Sudhamani fu iscritta alla prima elementare nella scuola di Srayicadu, il villaggio vicino. L'intelligenza e la memoria della piccola erano brillanti. Dopo aver ascoltato la lezione una sola volta, non ne dimenticava nemmeno una parte. Poteva ripetere senza difficoltà qualunque lezione trattata in classe o letta. In seconda ripeteva senza problemi le lezioni degli anni successivi, se sentiva per caso il testo letto ad alta voce. A volte gli studenti delle classi superiori, compresi il fratello e la sorella, ricevevano severe punizioni dall'insegnante perché non riuscivano ad imparare a memoria le poesie, mentre la piccola Sudhamani, che frequentava una classe inferiore, ne recitava melodiosamente i versi danzando come una delicata farfalla. Tutti gli insegnanti la ammiravano ed erano sorpresi della sua stupefacente memoria. Aveva ottimi voti in tutte le materie ed era la prima della classe, benché rimanesse spesso assente per via delle responsabilità familiari.

Un altro fatto che illustra la sua notevole memoria accadde quando aveva cinque mesi. Damayanti uscì di casa lasciando Sugunanandan ad occuparsi della bambina, che per qualche ragione diventò irrequieta e cominciò a piangere. Non abituato a un tale comportamento, Sugunanandan fece del suo meglio ma non riuscì a consolarla e così, in preda all'esasperazione, perse la pazienza e scaraventò la bambina sul lettino.

Molti anni dopo, Sudhamani commentò con suo padre: "In che modo mi hai lanciata sul letto quel giorno! Avresti potuto uccidermi!". In un primo momento Sugunanandan non afferrò le parole di Sudhamani, ma poco dopo gli tornò in mente quel vecchio episodio e ancora una volta rimase stupito dalla memoria della figlia.

Se a scuola Sudhamani aveva dei momenti liberi li impiegava per fare i compiti, così a casa avrebbe potuto utilizzare quel tempo per pensare a Dio. Tornata a casa, per prima cosa aiutava sua madre nelle faccende domestiche, altrimenti si sarebbe persa nel canto devozionale, dimentica di sé.

Sin dall'infanzia, Sudhamani faceva molta attenzione ad impiegare bene il tempo a disposizione. Non sprecava mai neanche un momento nell'ozio. Mentre si occupava delle faccende domestiche, che aumentavano costantemente, ripeteva in continuazione il nome del Signore Krishna. Visualizzando nel cuore la bella forma del suo Krishna mentre ripeteva il suo nome, Kunju passava i giorni e le notti nel suo mondo.

La casa della sua infanzia era composta solamente da due minuscole stanze e una cucina. Per ovviare al disagio causato da uno spazio così ristretto, Sugunanandan costruì una stanzetta a fianco della stalla[4]. Veniva utilizzata dai bambini per studiare, ma fu anche il luogo in cui la piccola Sudhamani trascorse i giorni della sua fanciullezza, meditando e cantando inni devozionali. Nella stalla c'erano altri due emarginati: una donna nomade di nome Potiki, che lavorava come parrucchiera, e il suo bambino. Impietosito dalla loro condizione, Sugunanandan aveva permesso loro di abitare lì. Potiki amava molto Sudhamani, la teneva sempre in braccio e a quei tempi era Potiki che si prendeva cura di lei molto più di Damayanti.

---

[4] Nei pressi del luogo dove ora sorge il vecchio tempio del Bhava darshan.

Così troviamo la gentile Sudhamani che vive nella stalla concentrando il cuore e l'anima sulla forma incantevole del Signore Krishna. Proprio come le mucche erano molto care a Krishna, anche la piccola le adorava. Trascorreva ogni momento libero seduta in solitudine con loro, persa in immaginazioni divine ed assorta nella beatitudine dell'ardente desiderio di avere la risplendente visione di Krishna.

Per via della sua natura affettuosa, la piccola era sempre circondata da altri bambini. Appena potevano, essi venivano a Idamannel per giocare con lei. Con loro andava a raccogliere l'erba per le mucche. Sebbene i piccoli amici di Sudhamani non fossero interessati a fare lavori faticosi, la seguivano di buon grado per gioire della sua allegra compagnia. Provavano tutti una misteriosa attrazione e un forte amore per lei. Terminato il lavoro, Sudhamani coinvolgeva i bambini in vari giochi e ne attirava degli altri con la sua recita delle *lila* di Krishna, le sue marachelle di bambino. Senza difficoltà incoraggiava l'intero gruppo a cantare in coro ad alta voce i bhajan che sorgevano di continuo nella sua mente.

Nessuno riusciva a comprendere lo stato d'animo devozionale di Sudhamani, che diventava sempre più intenso. Con il passare delle settimane e dei mesi era sempre più assorbita nelle pratiche devozionali, cantando costantemente con l'intensa brama di vedere la divina bellezza del suo Signore. I suoi rapimenti estatici diventarono sempre più frequenti e non erano più limitati alla stalla. Dimentica del mondo che la circondava, Sudhamani a volte danzava in estasi girando su se stessa e cantando bhajan. Quello che segue è un canto composto da Kunju all'età di sette anni:

Proteggimi, supremo Signore
Che risiedi nella città di Guruvayur...
Krishna bambino, nel ruolo di pastorello,

Signore dell'universo,
Consorte della dea Lakshmi,
Proteggimi, Krishna, amato di Radha,
Krishna, amato delle gopi,
Krishna, figlio di Nanda,
Krishna, venerato e adorato da tutti...

La famiglia e i vicini non capivano nulla degli stati elevati della piccola Sudhamani e li consideravano semplici giochi infantili. Chi poteva immaginare che quella bambina di sette anni, senza alcuna istruzione spirituale, stesse nuotando nell'oceano del puro amore e della beatitudine? Persa in quel mondo, a volte Kunju si chiudeva in una stanza per cantare e danzare in estasi. Durante una di queste occasioni, Damayanti spiò dalla porta ed esclamò: "Guarda come danza nostra figlia! Dovremmo farle prendere delle lezioni!". Poveri genitori! Conoscevano solo le danze mondane; non avevano mai sentito di qualcuno che danzasse nell'ebbrezza della beatitudine divina. Se qualcuno avesse studiato le vite delle Grandi Anime forse avrebbe riconosciuto il livello spirituale di Sudhamani. Ma anche in quel caso, chi si sarebbe aspettato di trovare tali stati di rapimento in una bambina così piccola? Per cui la famiglia concluse che si trattava semplicemente di stramberie della loro figlia eccessivamente fantasiosa.

L'ardente brama di Sudhamani di vedere il suo Signore e di fondersi in Lui continuava ad approfondirsi. Guardava costantemente il piccolo ritratto di Krishna che teneva nascosto nella camicetta. Riversando su di Lui il suo amore in canti e preghiere, la ragazzina gridava: "O mio caro Krishna, vedo problemi e sofferenza tutt'intorno a me! O Krishna! Ti prego, non dimenticare questa piccola bambina. Ti chiamo costantemente; non vieni a giocare con me?".

Il canto che segue fu composto da Sudhamani all'età di otto anni e denota la profondità della sua intensità spirituale:

Kanivin Porule

Essenza di misericordia, compassionevole,
Krishna, dammi rifugio!
Krishna, ti è forse sconosciuta
La storia di queste lacrime ardenti?

Offrendo fiori ai tuoi piedi
Che hanno calpestato il serpente Kaliya,
Ti adorerò, Krishna...
A Kurukshetra sei venuto
Come cocchiere di Arjuna
Per proteggere la verità e la rettitudine.
Signore che preservi il Dharma,
Mostraci un po' di compassione!

Signore della Gita, amante della musica divina,
Donami l'abilità di cantare le tue lodi...
Tu che ami il canto devozionale,
Non senti i tuoi sacri nomi
Pronunciati dal profondo del cuore?

Il viso addolorato e i canti tristi della piccola catturavano il cuore degli abitanti del villaggio. Ma il grande mistero della vita interiore di Sudhamani rimaneva sconosciuto a tutti. Chi poteva immaginare l'estatico rapimento della sua devozione infantile? Chi era in grado di comprenderlo se non un Saggio?

Capitolo 2

La serva divina

"Amma è la serva dei servi. Non ha un luogo particolare in cui risiedere. Lei dimora nei vostri cuori".

Sri Mata Amritanandamayi

Kāminīriti hi yāminishu khalu kāmanīyaka nidhē bhavān
Pūrnasammada rasārnavam kamapi yōgigamya
  manubhāvayan
Brahmaśankara mukhānapīha paśupanganāsu
  bahumānayan
Bhaktalōka gamanīyarūpa kamanīya driśna paripāhi mām

"O scrigno di bellezza! Tu che di notte conferisci alle gopi che si struggono d'amore quella stessa immensa ed intensa gioia dello Spirito che conseguono soltanto gli yogi, così che perfino Brahma e Shiva le rispettano. Krishna, dalla forma adorabile, raggiungibile solo dagli uomini dotati di devozione, ti prego, proteggimi!".

Srimad Narayaniyam, canto 69, verso 11

La piccola Sudhamani

All'età di nove anni, Sudhamani frequentava la quarta. A quell'epoca era lei ad occuparsi della maggior parte delle faccende domestiche poiché sua madre era spesso malata. Si alzava prima dell'alba, sbrigava tutti i lavori e solo dopo averli finiti correva a scuola. La sera, quando tornava a casa, se le restava un po' di tempo dopo i lavori domestici lo passava in preghiera e meditazione. Portando sempre con sé la sua preziosa immagine, piangeva abbracciandola e baciandola. A volte Damayanti andava a prendere l'acqua in un luogo lontano e lasciava a casa la piccola Sudhamani che invece la seguiva senza farsi notare, pensando che avrebbe potuto aiutarla. Quando Damayanti cercava di impedirglielo, Sudhamani protestava ad alta voce. Esasperata dall'ostinazione della figlia, a volte Damayanti la chiudeva perfino in una stanza. Cercava di spaventare la piccola dicendole: "Ecco che arriva un fantasma! Viene a prenderti!". Ma nessuno riusciva a spaventare Sudhamani.

Benché fosse solo una bambina, non aveva paura di niente. Fin dall'infanzia si dimostrò coraggiosa e intrepida. Questo lato del suo carattere le procurò anche il rispetto della gente del villaggio che già aveva un grande affetto per la straordinaria bimba.

Nel villaggio c'era una donna che faceva spaventare i bambini. Quando un bambino diventava troppo birichino, i genitori la chiamavano affinché lo spaventasse e lo riportasse all'ubbidienza. Il suo nome era Appisil Amma e in alcune occasioni era stata chiamata anche a Idamannel per spaventare Sudhamani. Questa donna si avvicinava alla finestra dove era seduta la piccola. Con la testa infilata in un sacco saltava e gridava facendo dei gesti per spaventarla. Affacciandosi alla finestra, Kunju rispondeva arditamente: "Vattene, so chi sei. Sei Appisil Amma. Non cercare di spaventarmi!".

La desolata Sudhamani invocava costantemente il suo Krishna. Agli abitanti del villaggio ormai sembrava che vivesse in un altro mondo. Incapaci di comprendere la ragione della sua angoscia, provavano pena per lei e dicevano: "Che peccato! Povera bambina! Cosa le è successo? Ha sempre le guance rigate dalle lacrime. Che condizione deplorevole! E' nata solo per versare lacrime? E' la famiglia che le crea delle difficoltà? Che cosa ha fatto per patire tanto?". Tutti provavano pietà per Sudhamani e qualcuno cercava anche di consolarla. Ma chi se non l'Amato delle *gopi* (pastorelle di Vrindavan) avrebbe potuto placare la sua inestinguibile sete per l'unione spirituale? In quel periodo la visione equanime di Sudhamani, il suo carattere nobile, la compassione verso tutte le creature e l'incantevole modo di cantare l'avevano resa cara a tutti gli abitanti del villaggio. Coloro che avevano la fortuna di conoscerla si ritrovavano presto ad aprirle il proprio cuore. Ma quando si trattava della sua famiglia, il destino non era altrettanto gentile. La madre e il fratello maggiore di Sudhamani le erano particolarmente ostili per via del suo comportamento insolito.

Nel frattempo, in seguito alla nascita di altri cinque figli, la salute di Damayanti si era deteriorata completamente e la donna non era più in grado di occuparsi delle faccende domestiche. Questo compito, già svolto in parte da Sudhamani, a questo punto ricadde completamente sulle sue giovani spalle. Kasturi, la figlia maggiore, frequentava una scuola locale, come Subhagan, il figlio maggiore. Questo fu l'inizio di una vita di tribolazioni per la piccola.

Lavorava duramente fin dalle tre del mattino: puliva la casa, spazzava il cortile, attingeva l'acqua, cucinava, accudiva alle mucche e le mungeva, faceva il bucato e lavava le stoviglie.

Una routine così pesante sarebbe stata troppo anche per un adulto. Anche solo occuparsi del bestiame e del pollame di famiglia era una mansione sufficiente per una persona. Eppure Sudhamani eseguiva con cura e pazienza tutto il lavoro senza lamentarsi. La sua istruzione venne quasi interrotta. Sovraccarica di impegni, la piccola non riusciva ad arrivare a scuola in orario. A volte quando riusciva a sbrigare i lavori e precipitarsi in classe, la lezione era già iniziata e, come punizione per essere arrivata in ritardo, l'insegnante la faceva restare in piedi fuori dall'aula. Anche se era costretta a restare fuori, Sudhamani seguiva le lezioni con attenzione e in questo modo riuscì a completare la quarta elementare.

Ma all'inizio della quinta, Sudhamani non fu più in grado continuare gli studi e allo stesso tempo svolgere gli interminabili lavori domestici. All'età di dieci anni fu costretta ad abbandonare la scuola. Lavorava dal mattino presto, prima dell'alba, a sera inoltrata. Eppure, anche mentre era occupata in lavori pesanti, la piccola cantava o ripeteva costantemente i nomi del suo amato Krishna. A volte, nel bel mezzo di qualche occupazione diventava così assorta nella devozione che perdeva completamente il contatto con ciò che la circondava. Come abbiamo già fatto notare, la giornata di Sudhamani iniziava molto prima dell'alba. Se le capitava di dormire un po' di più per la stanchezza, Damayanti non esitava a versarle addosso una brocca d'acqua fredda. Dopo essersi alzata, il primo compito era battere con un pestello il rivestimento esterno delle noci di cocco, fino a trasformarlo in soffice fibra che più tardi veniva usata per realizzare della corda, un prodotto locale. Poi iniziava una serie di lavori di pulizia della casa e del giardino, andava a prendere l'acqua alla fonte pubblica, piuttosto lontana, lavava le stoviglie, cuoceva i pasti e preparava i fratellini per la scuola. Era poi la volta di lavare e nutrire le mucche, lavare di nuovo le stoviglie dopo aver servito il pranzo, fare il bucato per tutta la famiglia e andare a raccogliere l'erba per le mucche. A quel punto si erano fatte circa le quattro pomeridiane, ora in cui i fratelli tornavano da scuola. Sudhamani preparava il tè e qualche snack per loro e poi trovava anche il tempo di passare nelle case dei vicini a raccogliere gli scarti delle verdure o l'acqua di cottura del riso per le mucche. In più, Damayanti le aveva ordinato di completare qualsiasi lavoro che non fosse stato fatto a dovere nelle case che visitava. E poi preparava il pasto serale per tutta la famiglia e riordinava senza che nessuno la aiutasse.

Sudhamani era considerata la serva di casa e tutti i lavori domestici spettavano a lei. In aggiunta, Damayanti controllava ogni sua azione. Se c'era il minimo errore, arrivava prontamente la punizione. L'unico amico di Sudhamani era Krishna, il cui nome era la sua sola ispirazione. Mentre era occupata nelle varie faccende, il pensiero intenso del suo amato Signore le faceva venire le lacrime agli occhi e lei piangeva per ore, contemplando la sua magnifica forma.

La giornata di Sudhamani terminava verso le undici di sera. L'innocente ragazzina aveva finalmente un po' di tempo per riposare, ma invece di coricarsi o dormire, il suo unico desiderio era di stare con il suo Signore. Quando tutti erano addormentati, la bambina sedeva nella piccola stanza della *puja*[1] e donava il suo cuore a Krishna cantando dei bhajan. Nell'oscurità della notte, Sudhamani piangeva con il cuore infranto e cantava finché non si addormentava.

Krishna Niyennil Karunyamekan

Krishna, ti prego, mostrami compassione!
Signore Vishnu, ti adoro a mani giunte!
Ti prego, liberami dal fardello
Di parola, mente e corpo!
Ti prego, proteggimi con affetto!

O Krishna, amico del miserabile,
Non hai un po' di compassione?
Dimori soltanto nel tempio d'oro?
I tuoi brillanti occhi si sono offuscati?

Oceano di compassione,
Tu sei amorevole verso i devoti!
I tuoi piedi sono l'eterno sostegno!

Già a quei tempi la mente di Sudhamani era così rapita che poteva sfrecciare istantaneamente fino alle altezze della divinità se ispirata da una visione o da un canto che le catturassero il cuore. Un giorno, tornando a casa dal mercato dove era andata a fare la spesa, udì un canto triste provenire da un luogo distante. Attratta dal canto e in stato semi-cosciente, Sudhamani si incamminò

---

[1] Tradizionalmente, nella maggior parte delle case indiane, una cameretta viene riservata ai riti devozionali e alla meditazione.

in quella direzione. Quel canto straziante veniva dalla casa di una famiglia cristiana dove quel giorno era morto qualcuno. I parenti erano seduti accanto al cadavere e cantavano inni pieni di dolore. Il cuore della piccola fu immediatamente rapito ed ella rimase immobile in uno stato ebbro di Dio, con gli occhi chiusi e le guance rigate di lacrime. Gli acquisti le caddero dalle mani. I presenti, confusi dall'improvvisa trasformazione della sconosciuta ragazzina, pensarono erroneamente che anche lei fosse colpita dalla morte del parente.

Trascorse mezz'ora prima che Sudhamani riguadagnasse parzialmente la consapevolezza. Raccogliendo le cose che le erano cadute, si affrettò verso casa ma era troppo tardi. Damayanti la stava aspettando infastidita e, in un attacco d'ira, la castigò picchiandola con forza. La piccola era ancora immersa in uno stato interiorizzato e ricevette il duro trattamento di Damayanti in silenzio e senza scomporsi. Quale forza esterna può distrarre una mente totalmente assorbita in Dio?

Oltre alla sua eccezionale vivacità, l'incrollabile allegria, la devozione esemplare e il toccante modo di cantare, Sudhamani era conosciuta soprattutto per la sua amorevole compassione verso i poveri e i bisognosi. Sebbene facesse del suo meglio per aiutare la madre nelle faccende domestiche, Damayanti, di natura collerica, non esitava a punirla severamente per il minimo errore. La ragione dell'avversione di Damayanti per la piccola Sudhamani era la sua carnagione scura. Oltre a ciò, a volte Damayanti la sorprendeva mentre si impadroniva furtivamente di latte, burro e yoghurt, proprio come il noto ladro di burro, Sri Krishna. Ma ciò che Damayanti non seppe per molto tempo era che quel cibo veniva distribuito alle famiglie più povere con le quali Sudhamani aveva fatto amicizia.

Senza farsi notare, la piccola prelevava latte e yoghurt, sostituendoli con un'uguale quantità di acqua. Quando veniva scoperta, veniva invariabilmente picchiata. Spesso i fratelli, sfruttando la sua tendenza compassionevole, sottraevano del cibo per sé, accusando poi Sudhamani. Sebbene lei sapesse chi fossero i veri ladri, non diceva mai niente e sopportava in silenzio le dure botte della madre.

Quando Sudhamani veniva a sapere che qualche famiglia soffriva la fame, prendeva il denaro direttamente dalla piccola riserva di sua madre per acquistare il necessario. Se ciò non era possibile, insisteva ostinatamente con suo padre finché non otteneva un po' di denaro. Quando questi due espedienti non andavano a buon fine, prendeva alimenti crudi dalla modesta dispensa di famiglia e li donava ai bisognosi.

Eccetto alcune birichinate fanciullesche e piccoli capricci, tutte le marachelle di Sudhamani scaturivano da un'intenzione altruistica. Il suo comportamento era il risultato di una naturale compassione per le sofferenze altrui. Queste azioni caritatevoli innervosivano però Damayanti, che non mancava mai di infliggerle severe punizioni fisiche. Senza curarsi delle proprie sofferenze, Sudhamani trovava immensa soddisfazione e beatitudine nel dare pace ed aiuto al prossimo. Le continue punizioni non la distoglievano minimamente da queste pratiche compassionevoli. Non permetteva mai che si sapesse quanto aveva dovuto patire per rendere servizio ai poveri del villaggio.

Spesso Sugunanandan restava assente da Idamannel intere giornate per occuparsi della pesca e tornava a casa solo a tarda sera, quando i figli erano profondamente addormentati. Non appena rientrava, Damayanti si affrettava ad enumerare le sue accuse contro la piccola serva. In una di queste occasioni, Sudhamani, che fingeva di dormire, improvvisamente gridò: "Io non sono tua figlia! Devo essere tua nuora!". Damayanti restò di sasso nell'udire l'esplosione di Sudhamani. Il significato dell'insinuazione della piccola era chiaro: ricordava a Damayanti che una vera madre avrebbe dovuto perdonare pazientemente i difetti di sua figlia, mentre solo una suocera avrebbe raccontato in modo così meticoloso gli errori della nuora, esagerandoli a dismisura.

Chi poteva immaginare che l'incontenibile desiderio della piccola e virtuosa Sudhamani di alleviare i dispiaceri e le sofferenze della gente avrebbe attratto migliaia di persone da tutto il mondo sulle distanti rive del Mare Arabico, proprio come un'oasi attira chi muore di sete? Come comprendere che Sudhamani, non ancora decenne, stesse creando in questo remoto villaggio di pescatori un'ondata di compassione destinata a coinvolgere tutto il mondo?

Benché svolgesse i propri compiti con la massima sincerità, la madre spesso la metteva in guardia: "Ehi, ragazza, non essere indolente! Se stai seduta in ozio, Dio non ti darà alcun lavoro e tu morirai di fame. Prega sempre Dio: 'O Dio, ti prego, dammi del lavoro.' E' così che pregano tutti". Sentendo queste parole, Sudhamani adottò la preghiera: "O Krishna, ti prego, dammi del lavoro, ti prego, fammi lavorare per Te!".

Sudhamani dimostrava una pazienza, sopportazione e sacrificio incredibili. Accettava ogni persecuzione pensando costantemente al suo Amato, e ciò lasciava presagire l'arrivo di un'altra Grande Anima in quest'India dal continuo retaggio di Saggi realizzati. Sebbene venisse sottoposta a innumerevoli prove e maltrattamenti, considerava ogni cosa come un dono della provvidenza divina. Teneva per sé i propri dolori e li confidava soltanto al divino suonatore di flauto, il Signore Krishna.

Nel buio della notte, dietro alla porta chiusa della stanza della puja, pregava Krishna con gli occhi pieni di lacrime: "O mio amato Krishna, nessuno eccetto Te può comprendere il mio cuore. Questo mondo è pieno di dolore e di sofferenza. L'egoismo regna sovrano. Le persone ricercano soltanto il piacere e la felicità personale. Desidero solo la completa unione con Te. O Signore, non hai visto oggi la mia sofferenza? Signore, ti prego vieni! Fammi vedere la tua forma divina! Queste miserie non sono nulla per me, ma la separazione da Te è un'agonia!". Durante quel periodo, Sudhamani compose il seguente canto:

Karunya Murte

O Incarnazione della compassione,
Dalla carnagione scura
Degnati di aprire gli occhi.
Non sei Tu il distruttore del dolore?
Rimuovi allora le mie sofferenze!

In questo mondo Tu sei il rifugio,
Con una carnagione brillante
E gli occhi come i petali di un loto rosso.
Ti adoro per sempre con i fiori delle mie lacrime.

Gopala, incantatore della mente,
Brancolo nell'oscurità.
Tu che riempisti i quattordici mondi,
Sridhara, apri gli occhi e liberami dal dolore...

In questo modo passarono tre anni di brama intensa e prove difficili. Sudhamani, ormai tredicenne, continuava a lavorare duramente. Con l'età, crescevano anche le responsabilità. Senza mai lamentarsi, continuava nei suoi sforzi come prima. Allo stesso tempo, anche le sue pratiche spirituali diventavano sempre più intense. Si potevano vedere le labbra della piccola costantemente in movimento, nella ripetizione del nome di Dio, che le sgorgava dal cuore in un flusso costante.

Vita con i parenti

Lungo l'area costiera non si trovavano domestici per i lavori di casa e cucina, poiché c'erano impieghi molto più proficui, come il cucire le reti da pesca e lavorare la fibra della noce di cocco. Oltre a ciò, i pescatori consideravano disonorevole qualunque lavoro che non fosse quello tradizionale della pesca. Per questo motivo, se una ragazza interrompeva gli studi veniva impiegata giorno dopo giorno nelle faccende domestiche. Inoltre, spesso veniva mandata a casa dei parenti per aiutarli. Era consuetudine che i parenti chiedessero ai genitori di queste ragazze i loro servigi.

Così fu per Sudhamani. I parenti insistettero che venisse mandata a servizio presso di loro. Alla fine, cedendo alle insistenti richieste, i genitori di Sudhamani furono obbligati a mandarla a casa della nonna materna. Così Sudhamani trascorse i quattro anni successivi come domestica nelle case di diversi parenti.

La nonna di Sudhamani viveva sei chilometri a sud di Parayakadavu, a Bhandaraturuttu. Si poteva raggiungere il villaggio in barca sulle backwaters oppure camminando lungo la spiaggia del Mare Arabico. Come si può immaginare, entrambe le vie avevano un effetto inebriante sulla piccola Sudhamani. Viaggiando in battello, fissava il cielo blu, piangendo teneramente di gioia, pensando a Krishna dalla carnagione blu e cantando "Om" in sintonia con il ronzio del motore del battello. Si concentrava sulle piccole increspature che danzavano sull'acqua, visualizzando la forma del suo Amato e immaginando i suoi giochi divini. Entrando in uno stato di fervore devozionale, il suo dolce "Om" sbocciava in un canto devozionale. I passeggeri gioivano del suo canto melodioso e non erano affatto sorpresi dalla sua condotta poiché l'avevano sempre considerata di un altro mondo. Immergendosi così in queste pratiche, Sudhamani non sentiva mai la lunghezza o la noia del viaggio.

La gioia del viaggio però durò poco. Un giorno, quando chiese alla madre i soldi per il biglietto, Damayanti fu pronta a sgridarla: "Chi sei tu per viaggiare in battello? Sei una studentessa universitaria? Puoi anche andare a piedi". In quel periodo Kasturi aveva iniziato gli studi universitari, un raro privilegio per una ragazza della zona costiera: Damayanti ne era orgogliosa e le dava denaro a sufficienza per tutte le spese giornaliere. Che un figlio andasse all'università era veramente qualcosa di importante, dato che la maggior parte delle famiglie erano troppo povere per mandare i figli addirittura alle scuole superiori. Anche se potevano permetterselo, spesso abbandonavano rapidamente l'idea quando il figlio dimostrava mancanza di interesse o di iniziativa. Così Damayanti mostrava un po' di comprensibile vanità.

Sudhamani, essendo una semplice serva dalla carnagione scura, passava inosservata ed era completamente incompresa dalla sua stessa famiglia. Tuttavia accettò con tranquillità pregiudizi e povertà, poiché era colma della presenza di Krishna. Le crude parole della madre non le dispiacevano affatto. Tutt'altro! Era felice di camminare sulla spiaggia fino a casa della nonna. Cantare e danzare gioiosamente in solitudine era per lei una benedizione! I sei chilometri a piedi diventarono un'esaltante esperienza per Sudhamani, che considerava l'oceano come sua madre.

La si può facilmente immaginare mentre cammina lungo la spiaggia cantando ad alta voce, accompagnata dai flutti delle onde. Dimenticando il mondo esterno, il suo passo rallentava sempre più. La vista dell'oceano blu scuro e delle tempestose nuvole grigio-blu le rapiva la mente. Il mormorio dell'oceano assomigliava all'"Om", e invariabilmente aveva un effetto inebriante su Sudhamani. Vedendo Krishna nelle onde, qualche volta correva ad abbracciarle! La brezza dell'oceano era per lei la soffice carezza di Sri Krishna. Qualche volta gridava ad alta voce: "Krishna! Krishna!". Profondamente assorta in uno stato di suprema devozione, camminava lungo la spiaggia con passo vacillante. Infine perdeva ogni coscienza esterna e cadeva sulla sabbia.

Ritornando parzialmente alla consapevolezza normale, Sudhamani scoppiava in lacrime e pregava: "Kanna, mio caro Krishna, vieni di corsa! Dove sei andato lasciandomi qui? Perché mi hai abbandonata su questa spiaggia sconosciuta? Dove sono? O amato Krishna, vieni di corsa, prima che le onde dell'oceano della trasmigrazione mi sommergano! O Krishna, solleva questa disperata dalla sabbia dei piaceri. Non sei forse la salvezza dei devoti? Non conosci il dolore del mio cuore? Quale errore ho commesso perché Tu permetta questa mia sofferenza? O Signore di tutti i mondi, non mostrerai un po' di compassione per questa tua umile serva? Passo ogni giorno nell'attesa di sentire il suono melodioso del tuo flauto divino, Krishna, ti prego, vieni... ti prego, vieni!".

Dopo qualche tempo, tornava ad uno stato mentale più normale e continuava il cammino lungo la spiaggia cantando in estasi. Ed ancora la piccola cadeva numerose volte sulla spiaggia, dimentica del mondo attorno a sé.

Karunya Varidhe

O Krishna, oceano di compassione,
Le miserie della vita continuano ad aumentare.
Non c'è pace per la mente...
Purtroppo, la confusione è così grande...
Perdonando tutti gli errori,
Asciugami il sudore dalla fronte.
O Kanna, ora non ho altro sostegno che
I tuoi adorabili piedi di loto...

O Krishna, la gola si sta seccando
Gli occhi si offuscano,
I piedi sono stanchi,
Sto cadendo a terra, Krishna...

In questo modo, bevendo il nettare dell'amore e della devozione supremi, Sudhamani in qualche modo arrivava alla casa della nonna solo per trovarvi un'infinità di faccende da sbrigare. Tuttavia la ragazzina recitava con gioia i nomi di Krishna e portava avanti i lavori. Per lei, ogni momento della vita era un'opportunità offertale dal Signore per servirlo e ricordarlo.

Occasionalmente Sudhamani veniva mandata ad un mulino, ad una certa distanza dalla casa della nonna, per togliere il pula al riso. Compiva il tragitto allegramente, cantando i suoi bhajan preferiti. Lungo la strada, doveva attraversare una parte del villaggio in cui molte famiglie vivevano in grande povertà. Sudhamani, di natura compassionevole, si intristiva molto nel vedere le loro condizioni. Sulla via del ritorno, dava un po' di riso a quelle famiglie che digiunavano da giorni. A volte sua nonna si accorgeva della parte mancante e, pensando che Sudhamani l'avesse data via in cambio di uno snack, la sgridava e la picchiava. Per quanto venisse interrogata, non rivelava mai il nome della famiglia a cui aveva dato il riso, sicura che altrimenti la nonna sarebbe andata a litigare con loro.

Mentre era a Bhandaraturuttu, Sudhamani a volte veniva inviata a proteggere i campi appena seminati dai corvi e dalle galline. Poiché il campo era distante, questo compito le offriva l'occasione di allontanarsi da tutti i familiari e di trascorrere del tempo in solitudine pregando e pensando al Signore. Ogni suo respiro era in sincronia con il nome di Krishna. Ad ogni passo ricordava la sua forma divina. Il suo amore e la sua devozione erano così intensi che spesso la trovavano che piangeva, distesa a terra nei pressi del campo.

Un grande sollievo per Sudhamani era il fatto che la nonna era devota di Krishna e aveva un suo ritratto appeso al muro. Sudhamani vi si fermava davanti e cantava inni al Signore. In queste occasioni, suo zio Ratnadasan, che amava molto la piccola, era solito portarle uno sgabello affinché non dovesse stare in piedi così a lungo. Allora Sudhamani rifiutava dicendo: "Come posso sedermi quando Krishna è in piedi!". Per lei, il ritratto del Signore non era solo un pezzo di carta dipinto; era Krishna in carne ed ossa. Per un vero devoto non esiste la materia inerte; ogni oggetto manifesta la gloria del Signore.

Attratti dai canti che sgorgavano dal profondo del suo cuore, i vicini venivano spesso ad ascoltarla. Il canto della ragazzina riempiva la loro mente di amore e devozione. Gradualmente, anch'essi impararono le sue composizioni e le cantavano davanti ai loro altarini.

Autunno, inverno, primavera ed estate passarono. Sudhamani, ora quattordicenne, fu mandata a casa della sorella maggiore di Damayanti. Come al solito, era incaricata di una grande mole di lavoro. Prima di tutto doveva bollire il riso grezzo e farlo asciugare al sole. Anche cucinare, fare le pulizie e lavare i vestiti spettava a lei. Tutti i giovani della famiglia andavano all'università e consideravano disonorevoli i lavori domestici. Non avevano fede in Dio, molestavano spietatamente Sudhamani per la sua attitudine devozionale e cercavano di impedirle di cantare. Cosa poteva fare lei, circondata da quelle persone insensibili? Nascondendosi il volto tra le mani, scoppiava in lacrime quando riuscivano temporaneamente ad impedirle di cantare. Sebbene esteriormente venisse costretta al silenzio, nessuno poteva ostacolare l'incessante fluire del suo cuore verso l'Amato.

Poiché la casa si trovava vicino all'oceano, tutta l'acqua dei rubinetti pubblici delle vicinanze era salata. Per attingere dell'acqua potabile, Sudhamani doveva attraversare le backwaters con una barchetta, fino ad un lontano rubinetto. Qualche volta faceva anche da battelliere e traghettava i cuginetti fino a scuola. Con grande piacere caricava anche i figli di altra gente. Seduta sulla canoa durante il viaggio di ritorno, la piccola gioiva del magnifico scenario naturale. Rivolgendosi liberamente al Signore, l'ardente desiderio del suo cuore di vedere Krishna aumentava. Interrogava le minuscole increspature sulla superficie del fiume dicendo: "O piccole onde, una di voi ha visto il mio Krishna che ha il colore blu scuro delle nuvole cariche di pioggia? Avete mai udito la dolce musica del suo incantevole flauto?". Vedendo che le increspature continuavano a comparire, Sudhamani immaginava che fosse una risposta negativa. Singhiozzando, pensava: "Oh, anche queste piccole onde sono in profonda agonia come me, non avendo visto Krishna". Percepiva ovunque il riflesso del proprio grande dolore per la separazione. Implorando gridava: "Nuvole scure del cielo infinito, dove avete nascosto il mio amato Krishna? O bianche gru che sfrecciate nel cielo, state andando a Vrindavan?[2] Se incontrate Krishna, vi prego, ditegli di questa povera ragazza che piange sempre pensando a Lui!". Ben presto Sudhamani perdeva ogni coscienza esterna e rimaneva seduta nella barca, immobile come una statua. Riguadagnando lentamente il suo normale stato di consapevolezza, si scopriva ancora seduta nella barca ormai trascinata via dalla corrente. Poiché questi elevati stati spirituali si verificavano spontaneamente, indipendentemente dal momento o dal luogo in cui si trovava, ci furono occasioni in cui Sudhamani dovette affrontare situazioni pericolose che avrebbero potuto mettere a repentaglio la sua vita.

Un giorno la piccola Sudhamani aveva terminato il suo lavoro con il riso grezzo e, sulla piccola canoa, aveva iniziato a remare per tornare a casa. Mentre remava, si guardava attorno

---

[2] Il luogo in cui Krishna trascorse l'infanzia e dove ancora oggi risiedono moltissimi suoi devoti.

godendosi il paesaggio. Osservando il cielo vide delle nubi tempestose che si muovevano all'orizzonte. Questa vista riempì il suo cuore innocente con il pensiero del suo amato Krishna dalla carnagione blu. Pochi attimi dopo perse ogni consapevolezza esteriore e si immerse in *samadhi*[3]. Il remo le cadde dalle mani. Con gli occhi fissi al cielo, dimentica dell'ambiente circostante, rimase completamente immobile. Di tanto in tanto chiamava a voce alta: "Krishna, Krishna!", lontanissima da questo mondo. La barca fu trasportata dalla corrente e cominciò a vagare qua e là. Improvvisamente, il forte rumore di un motore annunciò l'approssimarsi di un barcone che si stava dirigendo proprio verso la piccola canoa di Sudhamani! I passeggeri del battello gridarono allarmati, facendo un vano tentativo di svegliare la ragazzina. Le persone sulla riva del fiume gridarono e alcuni lanciarono delle pietre nell'acqua intorno a lei. All'ultimo momento la piccola riguadagnò parzialmente la coscienza esterna e in qualche modo riuscì a deviare la sua imbarcazione.

Era passato un altro anno e Sudhamani fu inviata a casa del fratello maggiore di Damayanti, Anandam, nella città di Karunagapally, nell'entroterra, a circa dieci chilometri da Parayakadavu. Sudhamani svolgeva i suoi compiti giornalieri con la massima sincerità ed entusiasmo e con grande soddisfazione di Anandan e di sua moglie, che le regalarono perfino un paio di orecchini come ringraziamento.

La compassione per i poveri era una delle caratteristiche salienti del carattere della piccola Sudhamani. In qualunque casa prestasse servizio, nulla poteva impedirle di aiutare i bisognosi. Vicino alla casa di suo zio vivevano molte famiglie mussulmane povere. La piccola prendeva vari oggetti dalla casa dello zio e segretamente li dava alle famiglie bisognose. Inizialmente nessuno

---

[3] Uno stato avanzato di meditazione nel quale la coscienza individuale è tutt'uno con la Coscienza suprema.

50

lo notò, ma dopo un po' il suo rubacchiare venne scoperto. In diverse occasioni Sudhamani fu picchiata dalla zia, ma non si risentì mai. Pensava: "Perché dovrei restarci male? L'avversione sorge solo quando mi considero differente da loro. Io non li sento separati da me. Anche a casa i miei genitori mi picchiavano. Perché non dovrei ricevere anche qui lo stesso trattamento?".

Sebbene fosse stata percossa duramente in varie occasioni, Sudhamani continuò a dimostrare misericordia agli afflitti. La sua abitudine di regalare agli altri continuò. Ciò dimostra l'immensa pazienza, compassione e tolleranza che erano la sua vera natura. Il messaggio d'amore che avrebbe proclamato qualche anno dopo non fu che la continuazione del totale sacrificio che aveva caratterizzato da sempre la sua vita.

La sua acuta intelligenza penetrava facilmente ogni situazione per estrarne i princìpi spirituali essenziali. Più tardi avrebbe descritto tutte le prove attraversate come una rara benedizione concessale dal Signore per farle comprendere l'effimera natura del mondo e dei rapporti interpersonali. Come spiegò: "Da tutte queste esperienze compresi chiaramente che il mondo è pieno di dolore. Non abbiamo rapporti veri perché tutti i parenti ci amano solo per soddisfare i loro bisogni egoistici. Gli esseri umani si amano per soddisfare i desideri. Nessuno ci ama altruisticamente eccetto Dio".

Sudhamani comprese che continuare un rapporto con gli zii sarebbe stato un ostacolo per il suo obiettivo nella vita. Così alla fine creò delle circostanze che l'avrebbero liberata da questo vincolo. Un mattino provocò un acceso litigio con questa famiglia per spezzare l'armonia e se ne andò. I parenti furono così maleducati che si ripresero perfino tutti i doni che le avevano fatto in precedenza, compresi gli orecchini, e la rimandarono a casa a mani vuote. Andandosene, Sudhamani disse loro: "Un giorno dovrete venire da me a mendicare. Fino ad allora non entrerò mai più in questa casa".

Undici anni dopo, la famiglia dello zio fu afflitta da difficoltà economiche, ed essi vennero ad Idamannel a chiedere aiuto a Sudhamani. Solo allora ella ritornò a casa loro per eseguire un rito devozionale e conferire la propria benedizione. In quell'occasione la zia si pentì delle proprie azioni passate e disse: "Non avrei mai immaginato che la piccola sarebbe diventata così grande! Come l'ho sgridata e picchiata!".

Il Signore non manca mai di far avverare le promesse dei veri devoti. Molti fatti simili narrati nei grandi poemi indiani illustrano la verità che Dio è al servizio dei suoi devoti.

Capitolo 3

Lacrime per Krishna

"Non avendo burro e latte da offrirti, ti offrirò un po' del mio dolore. O Kanna, ai tuoi piedi offrirò le perle delle mie lacrime."

Sri Mata Amritanandamayi

śri bhagavan uvāca

mayyāveśya mano ye mām nitya yuktā upāsate
śraddha parayopetās te me yuktatamā matāḥ

mayyeva mana ādhatsva mayi buddhim niveśaya
nivasiśyasi mayyi eva ata ūrdhvam na samśayaḥ

Il Signore disse:
"Coloro che, fissando la loro mente su di Me, mi
adorano, sempre stabili e dotati di fede suprema,
sono per Me i più versati nello Yoga.
Fissa la tua mente solo su di Me, poni in Me il tuo
intelletto, e allora senza dubbio vivrai in Me".

Srimad Bhagavad Gita, capitolo 12, versi 2,8

Ritorno a Idamannel

Ritornando a Idamannel da casa dello zio, Sudhamani, ormai sedicenne, si immerse completamente nelle pratiche spirituali, occupandosi allo stesso tempo dell'enorme carico delle faccende domestiche. Perfino in questa terra di santi, la sua tremenda passione per le austerità spirituali, benché molto contrastata, rimane ineguagliata. Come sempre il suo lavoro era una continua adorazione del Supremo. Chiunque si sarebbe meravigliato vedendo Sudhamani a quei tempi. Come faceva il suo piccolo corpo a sopportare un fardello così pesante? Damayanti era diventata ancor più crudele e irosa a causa di reumatismi cronici, peggiorati svolgendo i lavori domestici durante l'assenza di Sudhamani. Inoltre, la natura compassionevole di Sudhamani, che l'aveva indotta a rubare nelle case dei parenti, le aveva procurato una cattiva fama. Questo raddoppiò l'animosità di Damayanti verso la figlia. Perfino quando eseguiva i lavori domestici in modo impeccabile, Damayanti la sgridava e la picchiava costantemente. A dispetto del trattamento crudele che sua madre le riservava, Sudhamani non provava rancore. Infatti, alcuni anni più tardi definì con reverenza Damayanti come suo Maestro spirituale: "Damayanti-Amma è stata, in un certo senso, il mio Guru. Mi ha insegnato la diligenza, la devozione e la disciplina. Osservava meticolosamente tutte le mie azioni. Quando finivo di spazzare il cortile, se rimaneva anche solo un pezzetto di carta, mi picchiava. Quando tutte le stoviglie erano state lavate, le esaminava attentamente e se c'era la minima traccia di sporco mi sgridava. Mentre scopavo il pavimento, se inavvertitamente cadeva anche una sola pagliuzza della scopa, non mi risparmiava. Se nella pentola cadeva un granello di polvere o di cenere, arrivava la punizione. Mia madre si aspettava che di buon mattino le figlie recitassero le preghiere; non esitava a versarci una tazza d'acqua in faccia, particolarmente sulla mia, se ci alzavamo in ritardo per la stanchezza. Quando raccoglievo l'erba per le mucche, mi osservava da lontano per vedere se mi mettevo a chiacchierare con qualcuno. Mi picchiava perfino con un pestello di legno che veniva usato per spezzettare il riso. Vedendo questo comportamento di mia madre, gli abitanti del villaggio la imploravano spesso: 'Per carità, non punirla in quel modo! Un giorno dovrà essere data in matrimonio!'. Ma io sapevo che quelle esperienze erano solo per il mio bene".

I lettori potrebbero rimanere scioccati dal trattamento senza cuore di Damayanti nei confronti di sua figlia, specialmente perché era considerata una donna pia. In verità ciò non è difficile da comprendere se si considera che la sua devozione non era fondata sulla conoscenza. Molti devoti hanno rispetto per gli dèi e le dee e compiono regolarmente riti religiosi, ma il loro concetto di Dio è molto limitato. Non concepiscono un Dio che dimora in tutti gli esseri, ma lo pensano confinato tra le quattro mura del tempio. Tali devoti eseguono riti religiosi per esaudire i propri desideri o far piacere a Dio. La loro opinione della religione e dei riti non ha niente a che vedere con la formazione del carattere né con l'eradicazione delle proprie tendenze negative. Tali devoti non hanno l'obiettivo di realizzare Dio o il Sé. Essi lo adorano perché così facevano i loro padri, o per paura di incorrere nel peccato. Ma i devoti dotati di maggiore comprensione percepiscono Dio come onnipervadente e lo servono in tutti gli esseri. Rinunciano a tutti i desideri mondani e si abbandonano interamente ai piedi di loto del Signore. Lo scopo della loro vita è di realizzare e diventare uno con la Realtà suprema. Damayanti aveva una visione molto limitata di Dio e della spiritualità, il che si rifletteva nelle sue brutali azioni verso quella figlia eccezionale.

A volte, quando Damayanti stava per picchiare Sudhamani, la ragazzina le afferrava la mano. Sebbene fosse minuta, Sudhamani era molto forte. Incapace di liberarsi dalla presa di Sudhamani, cercava di darle dei calci. Così la piccola le afferrava anche la gamba. Non trovando altro modo per punire la figlia, la madre la mordeva. In un'occasione Damayanti perfino colpì Sudhamani con un machete.

Capitava anche che Sudhamani fosse molto ardita e impertinente quando aveva a che fare con la madre. Quando Damayanti comandava: "Non parlare!", lei replicava immediatamente: "Invece sì!". Quando Damayanti le diceva: "Non farlo!", Sudhamani senza esitazione rispondeva: "Lo faccio lo stesso!". Ma più lei reagiva, più dura diventava la punizione. Damayanti la malediva perfino, dicendole: "Che questa insolente ragazza sia dannata! Se cresce così, porterà certamente una cattiva reputazione alla famiglia. O Dio, perché non metti fine alla sua vita?".

Da parte sua, Sudhamani non era per niente seccata dai modi crudeli della madre. Ai suoi occhi tutte le persone erano uguali.

Fin dalla fanciullezza chiamava tutti gli uomini adulti 'padre' e tutte le donne 'madre'. Questo irritava ulteriormente i genitori che consideravano il suo modo particolare di rivolgersi agli altri come una vergogna per la famiglia. Essi la sgridavano dicendo: "E' giusto secondo te chiamare tutti questi poveracci padre e madre?". Sudhamani rispondeva: "Non ho mai visto il mio vero Padre e la mia vera Madre. Quindi, tutti sono mio padre e mia madre". Alla piccola era proibito applicarsi in fronte la cenere sacra. I familiari la schernivano dicendo: "Ragazza, vuoi forse diventare una sannyasi?". A Sudhamani non era nemmeno permesso di vestire come le altre ragazze. Se si metteva il *cumcum*[1] tra le sopracciglia o se indossava una camicetta a quadretti o una casacca pulita, veniva derisa: "Perché indossi questi vestiti colorati e ti applichi il punto rosso? Per chi ti metti in mostra? Le ragazze devono vivere con maggiore modestia".

Ma ancora più sorprendente dei deplorevoli insulti della famiglia era l'incrollabile tolleranza di Sudhamani verso chiunque la offendesse. Sebbene talvolta fosse sfacciata, non provava il benché minimo odio per chi la tormentava. Più tardi avrebbe detto semplicemente: "Damayanti non mi puniva; mi trattava a quel modo solo per via della sua limitata visione. Tutte quelle prove mi hanno guidato lungo la retta via, perciò non le serbo rancore".

Il fratello maggiore, Subhagan, era un vero terrore, non solo per Sudhamani ma anche per la famiglia e gli abitanti del villaggio. Era un ateo arrogante che riteneva che le donne dovessero essere assolutamente docili e riservate. Il suo pessimo carattere era ben noto e Sudhamani diventò la vittima abituale. Non le permetteva di stringere amicizia con le sue coetanee, poiché riteneva che le avrebbero rovinato il carattere. Quando Sudhamani andava a prendere l'acqua potabile per la famiglia, lo faceva sempre da sola. Se le capitava di parlare a qualche altra ragazza, poteva contarci

---

[1] Segno rosso applicato sulla fronte dagli indusiti.

che avrebbe ricevuto una severa bastonata da Subhagan. Questo divieto non sgomentava Sudhamani, che preferiva comunque stare sola a pensare a Dio senza distrazioni.

A quei tempi c'era un solo rubinetto dell'acqua per tutto il villaggio ed era azionato dal vento. C'era sempre una lunga coda per prendere l'acqua e bisognava aspettare il proprio turno. Sudhamani e le donne del villaggio si incontravano lì con i loro contenitori e a volte aspettavano per ore che soffiasse il vento. Se c'era una lunga coda, Sudhamani lasciava il recipiente in coda per andare a raccogliere l'erba per le mucche. Le altre donne, conoscendo la sua bontà e la sua natura operosa, le riempivano amorevolmente il contenitore e glielo mettevano da parte.

Come abbiamo già detto, Sudhamani andava spesso nelle case dei vicini per raccogliere gli scarti delle verdure e l'acqua del riso per le mucche. Se c'era da aspettare entrava nella stanza dell'altare di quella famiglia e intonava dei canti devozionali o meditava. Poi passava un po' di tempo con le donne anziane della casa, si informava sulle loro condizioni di salute e ne ascoltava con attenzione le lamentele. I figli le maltrattavano e le ignoravano solo perché erano vecchie e inferme. Così Sudhamani comprese fin da ragazzina la natura transitoria ed egoista dei rapporti umani. Ogni volta che poteva, portava a casa con sé queste vecchie donne e faceva loro un buon bagno caldo, le nutriva e le vestiva con gli abiti dei suoi famigliari.

Se veniva a sapere che qualcuno era senza cibo, gli dava per lo meno qualche vivanda dalla dispensa di famiglia. A volte portava a casa dei bambini che vagavano nelle vicinanze, non nutriti o accuditi adeguatamente dai genitori. Sudhamani se ne prendeva cura prima di riportarli a casa loro.

Un giorno fu colta con le mani nel sacco mentre prendeva del cibo per darlo ad un povero. Anche se la picchiarono duramente, non desistette dalle sue azioni caritatevoli. In un'altra occasione vide una famiglia che digiunava per mancanza di cibo; non trovando altro, diede loro un braccialetto d'oro di sua madre, che avrebbero potuto vendere per comperare il cibo di cui avevano un disperato bisogno. Quando suo padre lo scoprì, in un impeto di rabbia la legò ad un albero e la picchiò senza pietà fino a farla sanguinare. Ma nonostante questi trattamenti, la piccola rimaneva coraggiosa e misericordiosa. A volte la sentivano pregare Dio che perdonasse le azioni commesse per ignoranza dai suoi parenti. Seduta in solitudine, pregava: "O Krishna, che razza di mondo è questo? Perfino la madre che li partorisce tratta i figli senza alcuna gentilezza. Perfino lei non nutre un amore puro per la sua famiglia. Dove posso trovare un amore puro e altruistico in questo mondo? Esiste l'amore veramente genuino, o è solo un'illusione?". Altre volte, seduta nella stanza della puja, scoppiava in lacrime pensando a tutto ciò e diceva ad alta voce: "Krishna, Krishna, non ho altri al mondo che Te. La mia mente ti insegue continuamente, desiderando vedere la tua forma divina. Non vuoi prendermi con Te? O Krishna, ti prego, corri da me!".

In questo periodo, un anziano parente si trasferì a Idamannel. Era solo, malato e incapace addirittura di camminare. Era costretto a letto e a causa dell'incontinenza, sporcava regolarmente le lenzuola. Senza che nessuno glielo chiedesse, Sudhamani cominciò subito a prendersi cura dell'anziano, assumendosene tutto l'onere. Gli altri membri della famiglia lo guardavano a malapena e non avevano nessuna intenzione di occuparsene. Così, oltre ai soliti lavori domestici, Sudhamani si prendeva cura di lui con cordialità e pazienza. Gli lavava i vestiti, gli faceva un bagno caldo ogni giorno, ripuliva il letto dagli escrementi e dall'urina e gli somministrava le medicine alle ore fissate. Nonostante Sudhamani manifestasse una straordinaria abbondanza di nobili virtù, nessuno in famiglia notò, né tantomeno comprese o apprezzò, l'amore che lei provava nei confronti di ogni cosa nel creato. Il fatto che la piccola ricevesse solo insulti per ogni sua azione può essere solo un paradosso divino.

Mentre eseguiva i suoi lavori, era abitudine di Sudhamani pensare a Krishna fingendo di essere Krishna, Radha, le gopi o altri personaggi associati alla vita di Krishna. A volte mentre cucinava si immedesimava nella madre di Krishna, Yashoda, che preparava il burro, e nutriva il piccolo Krishna. Mentre preparava i fratelli e sorelle per la scuola, immaginava di adornare Krishna, Balarama e i *gopa* (pastorelli di Vrindavan) prima che andassero a pascolare le mucche. Percependo tutto questo con l'occhio interiore, versava lacrime di gioia. Quando andava al mercato per fare la spesa, pensava alle gopi che camminavano lungo le strade di Vrindavan vendendo latte e burro; nell'intensità della loro devozione, invece di gridare: "Latte, burro…", dicevano: "Krishna, Madhava, Govinda, Achyuta…!"

Il puro amore e la devozione delle gopi per Sri Krishna era sempre fonte di grande ispirazione per Sudhamani. A volte immaginava di essere Radha, l'amata di Krishna. Era sufficiente che pensasse a Radha perché la sua mente si rapisse, e ben presto la consapevolezza del mondo esterno l'abbandonava. Si assorbiva in uno stato d'animo divino, cantava, danzava e versava lacrime in estasi.

Kalina kannan

O Tu dalla carnagione scura,
I miei occhi bramano la visione dei tuoi piedi.
O Tu, dagli occhi di loto, vieni di corsa
Con le mucche e la musica del flauto.

Da quanti giorni ti sto chiamando?
Non hai neanche un po' di compassione?
Quale grande errore ho commesso?

Non sei Tu l'amante dei devoti?
Prima che svenga tra le lacrime,
Degnati di venire con il tuo flauto;
Non posso vivere senza vederti,
Tu che sei la sola Realtà, vieni, vieni...

Tu che esaudisci i desideri,
Dalla carnagione scura, vieni, vieni...
Senza indugiare e aumentare il mio dolore.
Incarnazione della compassione, vieni, vieni...

Andando ad attingere l'acqua, Sudhamani ricordava le gopi che andavano al fiume Yamuna con le brocche sul capo. Mentre lavava i panni, immaginava di lavare le vesti di seta di Krishna e delle gopi. Dopo aver steso i panni ad asciugare, li guardava ondeggiare al vento e pensava: "Oh, come sono belle le vesti di seta gialla di Krishna che danzano nella brezza!". Mentre raccoglieva l'erba per le mucche e dava loro da mangiare, pensava intensamente a Krishna che ogni giorno badava alle mucche nei prati e nei boschi di Vrindavan. Sudhamani provava diletto nel pensare ai passatempi del pastorello divino e delle gopi.

Il momento della giornata che Sudhamani preferiva era l'imbrunire, quando guadava le backwaters alla ricerca degli animali domestici, anatre, capre o mucche, che si erano smarriti durante il giorno. In quelle occasioni pensava a Krishna che andava a radunare le mucche e i vitelli allontanatisi dalla mandria. Se sentiva qualche canto devozionale, cosa comune in India al crepuscolo, si fermava immobile, trasportata in un'altra realtà. Ciò accadeva spesso, e un familiare irritato doveva andare a cercarla.

Benché Sudhamani fosse occupata senza sosta in qualche lavoro, la sua mente, che ardeva di desiderio per Krishna, non ne veniva mai coinvolta. Il suo sacro nome era costantemente sulle sue labbra e bastava la parola "Krishna" a riempirle gli occhi di lacrime. Poiché trasportava acqua in continuazione, lavava i vestiti della famiglia, guadava le backwaters, il suo vestitino era sempre bagnato, giorno e notte. Lei stessa racconta: "Desideravo così tanto vedere i miei vestiti asciutti! Anche se avevo molto lavoro, pregavo Dio perché me ne desse ancora, in modo da poter sempre dedicare le mie azioni a Lui. Trasportando sulla testa l'acqua per cucinare e le pentole fumanti di acqua di riso, in cima alla testa i capelli cominciarono a cadermi".

Qualunque cosa stesse facendo, le sue labbra si muovevano costantemente, ma nessuno sapeva che stava ripetendo il nome del Signore. Un giorno il fratello minore Satish, che aveva acquisito l'abitudine degli altri membri della famiglia di insultarla, commentò in modo tagliente: "Muovere sempre le labbra è segno di follia!". Benché avesse sentito il commento di Satish, Sudhamani rimase impassibile. Ma ogni volta che Satish aveva un attacco di asma, Sudhamani lo prendeva in braccio e lo portava all'ospedale, anche se c'erano altri familiari che avrebbero potuto farlo con più facilità. Nessuno si curava della sua asma eccetto l'innocente ragazza, che cercava sempre un'occasione per servire ed aiutare gli altri.

Era notte fonda quando Sudhamani terminava i lavori di casa. Non c'era più una singola luce accesa in casa sua o nelle vicinanze. Allora Sudhamani cantava ad alta voce al Signore nella stanza della puja. Damayanti e Subhagan la sgridavano perché cantava al buio e disturbava il loro sonno. Subhagan commentava: "Perché gridi e gemi in questo modo? E' così che Dio ti sente dall'alto dei cieli? E' sordo il tuo Dio?". Anche se doveva subire punizioni e sgridate, nulla distoglieva Sudhamani dal cantare le lodi a Dio nelle silenziose ore notturne. Una volta Subhagan entrò furioso nella stanza a criticarla perché se ne stava a cantare al buio e lei rispose prontamente: "Tu vedi soltanto la luce esteriore, ma dentro di me arde una fiamma che non si estingue mai!". E' inutile dire che Subhagan non comprese il significato interiore delle sue parole.

Sudhamani temeva che Dio punisse la madre, il padre e il fratello perché la picchiavano mentre cantava i bhajan. Perciò spesso cantava sottovoce, per evitare che commettessero tali azioni. Abbattuta dagli ostacoli creati dai famigliari, si sfogava nel pianto seduta nella stanza della puja: allora essi dicevano che cantando i bhajan non si doveva piangere, e che questo avrebbe arrecato loro grande danno. Qualunque cosa facesse, trovavano sempre da ridire. Povera piccola Sudhamani! Sopportava tutto in silenzio e dissolveva le sue miserie nel ricordo di Krishna.

Fin dall'infanzia, Sudhamani non confidò mai le sue pene a nessun essere umano. L'unico con cui si sfogava era il Signore Krishna. Aveva anche l'abitudine di parlare agli animali e alla natura, immaginando che Krishna ascoltasse attentamente le sue parole. Percependo ogni cosa come Krishna, conversava con tutte le creature. Se una mucca era stesa a riposare, si sdraiava anche lei appoggiandosi soddisfatta al suo corpo, immaginando di essere adagiata in grembo a Krishna.

Guardando le stelle, la luna e gli alberi in fiore, Sudhamani chiedeva: "O amici miei, avete visto il mio Krishna? O brezza gentile, hai mai accarezzato la sua forma incantevole? O stelle scintillanti e luna silente, siete anche voi in cerca di Lui? Se lo trovate, vi prego ditegli che anche questa povera Sudhamani sta aspettando di vederlo".

Ningalil ararumundo

Qualcuno ha visto il mio caro Kanna?
Voi potete vederlo,
Ma Egli non appare mai davanti a me...

La pasta di sandalo tra le sopracciglia,
Le splendide vesti di seta gialla,
Gli ondeggianti capelli con la piuma di pavone...
Quando scorgerò tutto ciò?

A che servono questo corpo e questa vita?
Tutta la mia buona fortuna se n'è andata...
Per quanto continueranno queste sofferenze?

Anche "Madre Mare" era uno degli amici di Sudhamani, che considerava l'oceano come sua madre. Ogni volta che aveva un momento libero, andava sulla spiaggia e confidava le sofferenze del suo cuore osservando la vasta distesa d'acqua. Il colore blu scuro del mare le ricordava il suo Amato e lei ben presto perdeva la consapevolezza esterna.

Sudhamani aveva notato che alcuni suoi vicini si guadagnavano da vivere lavorando come sarti. Spinta dall'idea di aiutare gli altri con il denaro che avrebbe potuto guadagnare con questo lavoro, le venne l'idea di imparare a cucire. In questo modo avrebbe evitato di dover rubare a casa propria per aiutare gli altri. Piena di speranza, espresse il suo desiderio ai genitori. La risposta di Damayanti fu scoraggiante: "Tu non andrai a imparare a cucire, ma sarai presto data in sposa ad un raccoglitore di noci di cocco!". I raccoglitori di noci di cocco appartenevano ad una casta molto bassa in Kerala e la loro unica fonte di guadagno era rappresentata dalle noci di cocco. Sudhamani era stata spesso colta sul fatto mentre rubava noci di cocco, che Damayanti pensava lei mangiasse, ma che invece aveva sempre dato ai poveri.

Sudhamani tuttavia insistette, finché i genitori le permisero di imparare a cucire per un'ora al giorno, a patto che avesse prima sbrigato tutte le faccende domestiche. In quei giorni la routine di Sudhamani era impressionante. In qualche modo riusciva a sbrigare le faccende domestiche prima di mezzogiorno e poi andava di corsa alla lezione di cucito. Qualche volta le sue compagne di corso, conoscendo la sua situazione, andavano ad aiutarla a portare a termine i lavori. Sotto il cocente sole di mezzogiorno, Sudhamani percorreva due o tre chilometri per andare alla lezione e dopo un'ora ritornava a casa per servire il pranzo.

Il resto della giornata continuava come al solito, con il suo faticoso programma. L'unico momento che aveva per il compito più importante, la preghiera e la meditazione, era nelle silenziose ore notturne. Singhiozzando con ardente desiderio, la piccola si immergeva nell'ebbrezza di Dio. Quando ritornava ad uno stato d'animo semicosciente, andava a dormire.

La pazienza, la resistenza e l'apparentemente inesauribile energia di Sudhamani, qualità che ancora oggi la contraddistinguono, erano miracolose. Qualsiasi lavoro dovesse svolgere, lo eseguiva con gioia, senza lamentarsi. Sudhamani sentiva che il suo compito nella vita era di aiutare gli altri. Più tardi spiegò: "La mia gioia consisteva nel vedere la felicità degli altri. Non pensavo mai ai miei agi e al mio carico di lavoro. Ogni volta che si presentava l'opportunità di aiutare e servire gli altri, cercavo di fare del mio meglio con la massima sincerità e amore".

Inizialmente Sudhamani prese lezioni di cucito in due luoghi diversi, poi decise di seguire le lezioni che si tenevano in una parrocchia. Imparò rapidamente a cucire e cominciò a fare dei lavoretti per le donne più povere dei dintorni. All'inizio non accettava denaro per i servizi che faceva, poiché era fatta così. Ma quando i suoi genitori rifiutarono di pagarle le lezioni di cucito, fu costretta ad accettare dei compensi. Riusciva così a pagarsi le lezioni e con quello che le restava aiutava i poveri del villaggio. Riuscì anche a comperarsi alcuni articoli essenziali per il cucito. Sudhamani era una buona sarta e guadagnava abbastanza. Senza dare un soldo alla famiglia, usava il ricavato per aiutare i poveri.

Mentre cuciva nella bottega della chiesa, Sudhamani si immergeva nel canto devozionale e le lacrime le cadevano sulla macchina da cucire. Il parroco di quella chiesa era un uomo anziano e pio che notò ben presto il carattere di Sudhamani. Mentre le altre ragazze pettegolavano, lei era assorta nella devozione. Il parroco ne fu profondamente toccato e Sudhamani gli divenne molto cara. Questo creò gelosia tra le altre ragazze, ma lei continuò a mostrare loro affetto come prima, senza alcuna traccia di ostilità.

Satish accompagnava sempre la sorella al corso, aspettandola nei dintorni della chiesa o seduto in un angolo. Un giorno, durante il momento della preghiera, Sudhamani gli chiese: "Perché non partecipi alla preghiera?". Lui rispose: "Non siamo forse induisti?". Sudhamani gli disse: "Chiedi al parroco se puoi partecipare". Il parroco approvò felicemente. Da allora Satish partecipò sempre alle preghiere.

Quando la lezione terminava, Sudhamani andava a ricamare nel cimitero della chiesa. Amava la solitudine di quel luogo. Sedendo nel cimitero domandava alle anime dei morti: "Com'è la vostra vita? Dove vivete? Siete felici lì? Provate qualcosa?". Percepiva chiaramente la loro presenza e cercava di consolarle. Un'amica della sorella maggiore di Sudhamani, che aveva dimostrato molto amore a Sudhamani anche quando la sua famiglia le era ostile, era seppellita lì. Forse questa era un'altra ragione per cui a Sudhamani piaceva visitare quel cimitero. Parlava alle anime che ancora vagavano nei corpi sottili e cantava loro struggenti melodie affinché riposassero in pace. A volte, mentre sedeva in meditazione, entrava in samadhi nel silenzio e nella pace del cimitero cristiano.

Dopo aver completato il ricamo, se le restava del tempo Sudhamani tornava nella cappella, che aveva una stanza interna simile a una grotta. Nella penombra la piccola fissava la forma crocifissa di Gesù. Vedendolo sulla croce, sentiva che Lui e Krishna erano una cosa sola e immediatamente si assorbiva in Lui. Ritornando alla coscienza ordinaria, piangeva pensando all'amore e al sacrificio di Gesù e di Krishna. Pensava: "Come hanno sacrificato ogni cosa per il mondo! Le persone si sono rivoltate contro di loro, tuttavia essi le hanno amate. Se lo hanno fatto loro, perché non potrei farlo anch'io? Non c'è niente di nuovo". Sudhamani era consapevole dell'estrema povertà degli abitanti del villaggio. Vedendone i problemi e la sofferenza, nelle silenziose ore trascorse nella stanza della puja la piccola piangeva e pregava: "Dio, è vita questa? Giorno dopo giorno le persone stentano a racimolare un po' di cibo che le sfami. O Krishna, perché permetti che soffrano la fame? Perché vengono colpite dalle malattie? Ovunque volga lo sguardo, vedo l'egoismo e la sofferenza che ne deriva. I giovani pregano per avere lunga vita e affinché i genitori anziani muoiano rapidamente. Nessuno si cura degli anziani. Signore, che razza di mondo è questo? A che serve creare un mondo del genere? O Krishna, qual è la soluzione?".

Erano ormai passati tre anni e Sudhamani aveva deciso di smettere di frequentare la scuola di cucito, considerandola una distrazione dalle pratiche spirituali che voleva intensificare. In quel periodo anche il sacerdote venne trasferito in un'altra parrocchia e prima di andarsene mandò alcune ragazze del corso di cucito ad Idamannel ad esprimere il suo desiderio di dire addio a Sudhamani. Accompagnata da Satish, andò a fare visita al prete per l'ultima volta. Guardandola, il parroco scoppiò in lacrime e pianse. Sudhamani controllò le proprie emozioni. Il parroco le disse: "Figlia, sto lasciando questo incarico. Ho deciso di condurre la vita di un sannyasi". Mentre Sudhamani e Satish stavano per andarsene, il parroco disse a Satish: "Vedrai, Sudhamani diventerà grande in futuro". Forse l'intuitivo sacerdote era già diventato consapevole della divinità che splendeva nella piccola.

Avendo imparato a cucire, Sudhamani espresse il desiderio di avere una macchina da cucire. Damayanti la rimproverò per la sua ambizione, ma Sugunanandan le promise più volte che gliela avrebbe procurata. Tuttavia, la macchina da cucire non si materializzava mai. Sudhamani decise: "Non la chiederò più. Ne userò una solo se me la darà Dio". Dopo parecchi anni, quando i devoti cominciarono ad arrivare a Idamannel, un olandese di nome Peter le comperò una macchina da cucire e lei si ricordò della propria promessa. Dio si prende cura di ogni bisogno dei veri devoti.

Tutti i fratelli, eccetto Sudhamani, studiavano alle superiori o all'università. Erano tutti di carnagione chiara e di bell'aspetto. Per la sua carnagione scura e la sua natura di lavoratrice instancabile, Sudhamani veniva considerata da tutti come una semplice serva. Non le davano nemmeno vestiti a sufficienza. Vedendo le difficoltà della giovane e il trattamento dei genitori e del fratello maggiore, gli abitanti del villaggio dicevano: "Sudhamani è stata comperata a Kollam[2] in cambio di un po' di crusca". I suoi genitori portavano tutti i figli nei templi per le feste ed altre cerimonie, ma ignoravano sempre Sudhamani e la lasciavano a casa.

Un giorno, Sudhamani ricevette in dono una camicetta a quadretti e la indossò con gioia, ma suo fratello maggiore le ordinò di togliersela all'istante. Strappandogliela dalle mani, la gettò nel fuoco davanti ai suoi occhi e gridò: "Indossi questi abiti colorati solo per attirare l'attenzione degli altri!". In un'altra occasione, Damayanti la insultò per aver indossato una camicetta di seta gialla che apparteneva ad una sorella. Allora lei decise che da quel momento avrebbe indossato soltanto vestiti procurati da Dio, solo vestiti vecchi e buttati via dagli altri. Sudhamani li tagliava e ne ricavava gonne e camicette. Per cucire gli abiti usava il filo di panni vecchi, felice di non essere un peso per nessuno. Di questi

---

[2] Una città a 35 chilometri da Parayakadavu.

giorni, più tardi disse: "Pur non avendo il filo adatto, forbici o macchina da cucire, in qualche modo riuscivo a cucirmi i vestiti!".

Capitolo 4

Il vero flauto

"Il vero flauto è all'interno. Cercate di suonarlo. Quando se ne percepisce il suono, si può trascendere la nascita e la morte".

Sri Mata Amritanandamayi

Vaggadgadā dravatē yasya cittam
rudatyabhīshnam hasati kvacicca
vilajja udgāyati nrityatē ca
madbhaktiyuktō bhuvanam punāti

I devoti la cui voce è spezzata dall'emozione, il cui cuore si scioglie per Amore, che singhiozzano spesso e a volte cominciano a ridere, e mettendo da parte la timidezza cominciano a cantare ad alta voce e a danzare, santificano il mondo intero.

Srimad Bhagavatam
Skanda 10, canto 14, verso 24

La gloria spirituale e gli strani comportamenti di chi ha realizzato Dio sono molto al di là della comprensione degli esseri umani con consapevolezza ordinaria. Qualcuno considera la sete per Dio come una pazzia, altri la chiamano repressione psicologica, altri ancora rifiutano di accettarne la realtà. Le Grandi Anime rimangono imperturbate, non si curano delle insensate considerazioni di scettici e critici, che non possono essere biasimati per la loro limitata percezione dei livelli sottili della consapevolezza. E' forse dispiaciuto lo scienziato perché l'uomo della strada ignora l'esistenza delle particelle subatomiche? E' irritato dal suo criticismo infondato?

Nessuna beffa, scherno o derisione aveva effetto sulla santa Sudhamani. Ancora adolescente, era immersa in un flusso ininterrotto di consapevolezza spirituale. La sua devozione per Krishna era incredibilmente intensa. Sudhamani ascendeva con naturalezza e spontaneità da un piano di consapevolezza all'altro. Come per compensare il pesante carico di lavoro, l'ardente desiderio del suo cuore si esprimeva in canti devozionali che intonava giorno e notte.

Niramilla

Un arcobaleno senza colori, un fiore senza fragranza; quando il mio cuore è così, perché invocare compassione?

La vita è diventata fredda, senza traccia di calore, come una vina[1] che non ha dolci melodie, ma solo triste silenzio...

Può il fiore di loto fiorire in un piccolo ruscello nella profonda foresta dove i raggi del sole non arrivano?

Vedendo le nuvole nel cielo, il pavone allarga le ali per danzare, ma invano, e un uccello chataka[2] aspetta le gocce di pioggia...

Incapaci di afferrare il significato della sua devozione estatica, i genitori di Sudhamani e il fratello maggiore la castigavano e la tormentavano senza pietà. Erano convinti che tutte le sue attività spirituali fossero sintomi di depressione o di qualche disturbo mentale.

Sudhamani ora trascorreva i giorni e le notti meditando, cantando e ripetendo il nome di Dio. Spesso si chiudeva nella stanza della puja e danzava in estasi, con grande disgusto del fratello maggiore. In altri momenti piangeva, sopraffatta dal dolore della separazione, e più tardi la si trovava inconscia sulla sabbia. Ci si può solo meravigliare di come il suo amore per Krishna potesse continuare a crescere, ma esso non conosceva limiti. La porta del suo cuore era sempre spalancata e Sudhamani aspettava

---

[1] Strumento a corde in mano a Saraswati, la dea della conoscenza, un altro aspetto della Madre Divina.

[2] Si dice che l'uccello chataka beva solo le gocce d'acqua che cadono durante la pioggia. Non apprezza nessun'altra acqua. L'idea è che sia il pavone che il chataka si sentono felici alla vista delle nuvole ma diventano tristi in assenza di pioggia. Allo stesso modo, dopo una prolungata ricerca e pratiche spirituali senza esiti, aspettare che Dio ci renda felici sembra un'attesa vana.

ansiosamente l'apparirvi del Signore. Com'è possibile descrivere l'intensità della sua dedizione e del suo abbandono?

Sudhamani aveva un travolgente desiderio di ascoltare le storie su Krishna; ogni volta che le capitava di sentire qualcuno che le raccontava, la sua attenzione si assorbiva completamente in Lui e lei entrava in samadhi. Alla fine del racconto restava seduta immobile a lungo. Gli abitanti del villaggio ormai non trovavano più nulla di strano o sorprendente nel suo comportamento distaccato dal mondo. A volte Sudhamani chiamava dei bambini intorno a sé e li incoraggiava a recitare le storie di Krishna. Guardava i loro giochi con le lacrime agli occhi e durante lo svolgersi della narrazione immaginava che Krishna fosse seduto al suo fianco a narrare gli eventi. Dimenticando le circostanze, abbracciava i bambini piccoli pensando che fossero davvero Krishna. Non abituati a tale comportamento e non avendo familiarità con gli insoliti stati d'animo di Sudhamani, i più giovani a volte si spaventavano. Mentre pregava, divenne un'abitudine per l'innocente ragazzina adorare dei giovani fanciulli offrendo *naivedyam*[3], considerandoli genuinamente come Sri Krishna.

Se qualcuno era sveglio nelle silenziose ore notturne, poteva udire le sue suppliche al Signore: "Krishna, Krishna! Meta della mia vita! Quando scorgerò la tua bella forma? Sarà inutile la mia vita e tutti i miei sforzi per vederti? Le mie preghiere per diventare una con Te non vengono ascoltate? O Krishna, si dice che Tu sia pieno di compassione per i tuoi devoti. Ho forse offeso il tuo misericordioso cuore? Non merito di essere la tua serva? Per quanti giorni queste preghiere rimarranno senza risposta? Non provi compassione per questa povera bambina desolata? O Kanna, anche Tu mi hai abbandonata? Dove sei?... Dove sei?...".

---

[3] Un pasto offerto a Dio o alla divinità di un tempio e poi distribuito tra i devoti.

Alla fine cadeva a terra, ma le sue notti rimanevano insonni. Attendeva e attendeva, senza chiudere gli occhi, pensando che il Signore potesse giungere in ogni momento. Qualche volta creava un'immagine di Krishna con l'argilla e la adorava. Confidava mentalmente al suo Amato: "Vedi, nessuno mi ha insegnato come servirti e adorarti. Per favore, perdona i miei errori!". Poi, non avendo fiori, offriva della sabbia ai piedi dell'immagine. Quando l'adorazione era terminata, sentiva che Krishna era arrivato e stava in piedi davanti a lei. Con il corpo tremante e gli occhi pieni di lacrime, Sudhamani veniva sopraffatta dalla devozione e si prostrava ripetutamente davanti all'immagine di argilla. Il momento successivo sentiva che Krishna stava per fuggire e si precipitava per afferrarlo. Poi realizzava che era tutto frutto della sua immaginazione e che l'idolo era solo argilla. Dissolvendosi in lacrime e singhiozzando, continuava ad implorarlo: "Krishna, Krishna! Per favore vieni e benedicimi, straziata come sono dall'ardente desiderio di vederti! Tutto questo è per mettere alla prova il mio amore per Te? Perché esiti? Posso sopportare qualunque tormento, ma non questa separazione da Te. Krishna, il tuo cuore ha forse perso tutta la sua compassione?".

Sudhamani non si perdeva d'animo. Con appassionata aspettativa, l'umile ragazza attendeva fiduciosa l'arrivo del suo Signore. Qualche volta si considerava l'amata di Krishna, altre volte pensava di essere la sua serva. Questa incolta ragazzina, che si era fermata alla quarta elementare e non aveva mai letto i *Veda* o le *Upanishad*, diventò l'incarnazione della suprema devozione al Signore Krishna. In lei si manifestavano spontaneamente i diversi aspetti della devozione più sublime.

In quel periodo la situazione economica della famiglia peggiorò drasticamente a causa di una grossa perdita nel commercio del pesce. Damayanti e la famiglia erano disperati. Un giorno Damayanti disse a Sudhamani: "Perché Dio ci fa soffrire? Figlia,

prega per tuo padre. Tutti i suoi affari sono falliti". Sudhamani
pensò: "Krishna, come inizia il dolore? Qual è la causa? Mia
madre è depressa perché desidera ricevere felicità dal marito e
vuole vivere comodamente. Non è forse il desiderio che porta
infelicità? O caro Krishna, fa che io non vi resti invischiata! Se
dipendessi dagli esseri umani, immersi nel desiderio e nell'ignoranza, sicuramente anch'io diventerei infelice. O Krishna, fa che
la mia mente rimanga sempre aggrappata ai tuoi piedi di loto!".

Durante questo periodo, a dispetto dei loro problemi finan-
ziari, i genitori di Sudhamani decisero di darla in matrimonio.
Damayanti era sempre stata molto esigente nella formazione delle
sue quattro figlie, e questo era risaputo nel villaggio. La comunità
doveva considerare le figlie rette e virtuose. Se la loro reputazione
fosse stata compromessa, per Damayanti sarebbe stata una tra-
gedia, e così le aveva allevate con una disciplina estremamente
rigorosa. Non era loro permesso parlare con nessun uomo, specialmente se giovane.

A quel tempo Idamannel era completamente circondata
dall'acqua, tuttavia Damayanti aveva fatto costruire una recin-
zione attorno alla casa, come ulteriore protezione dagli intrusi.
Non ancora soddisfatta, teneva in casa un cane per essere avvisata
se qualcuno si avvicinava. Quando il cane abbaiava, chiedeva
a Subhagan di controllare chi fosse. Se era uno straniero o un
giovane, il fratello rifiutava di aprire. Damayanti era sempre preoccupata per le sue figlie ormai cresciute. Per questo era ansiosa
di liberarsi di Sudhamani, una grossa parte del suo fardello.
Sugunanandan e Subhagan trovarono finalmente un marito adatto e fu fissato un giorno per il primo incontro. In questo modo
i genitori potevano assicurarsi che i futuri coniugi si piacessero
prima del matrimonio. Tutto questo fu organizzato all'insapu-
ta di Sudhamani e senza il suo consenso. Inoltre fu deciso che
l'incontro avvenisse in un'altra casa, lontano da Idamannel. Nel

giorno prestabilito, una donna venne da Sudhamani con la scusa di affidarle un lavoro di cucito e le chiese di accompagnarla a casa sua per prendere le misure alla figlia.

Quando Sudhamani arrivò a destinazione comprese che le loro intenzioni erano del tutto diverse. Porgendole una tazza di tè, la donna disse: "Tieni, Sudhamani, c'è una persona seduta nell'altra stanza. Portagli questo tè". Questo è il modo tradizionale di presentare una sposa al suo sposo. Intuendo le loro intenzioni, Sudhamani rispose con tono serio: "Non posso. Sono venuta per prendere delle misure, non per servire del tè". Uscì e ritornò a casa sua a raccontare l'accaduto a Damayanti. Solo allora comprese che i preparativi erano stati fatti dai suoi stessi genitori e dal fratello.

Dopo un po' giunse un'altra proposta di matrimonio. Questa volta lo sposo e il suo seguito sarebbero venuti a Idamannel. Quando arrivò l'aspirante marito, Damayanti chiese con gentilezza a Sudhamani di portargli delle banane. In presenza degli ospiti, la riluttante sposa rispose: "Non lo farò! Se vuoi, puoi andare tu a comperare delle banane per lui!". Questa fu la fine di quella proposta!

I genitori comunque non abbandonarono l'idea. Arrivò un'altra proposta e fu di nuovo stabilito che lo sposo venisse a Idamannel. Anticipatamente Damayanti si rivolse a Sudhamani implorandola: "Figlia, per favore, non farci fare una brutta figura. Ti prego, sii gentile con il tuo futuro marito". Il giovane arrivò e si sedette tranquillamente in salotto. Sudhamani era impegnata in cucina a polverizzare dei peperoncini rossi secchi con un pestello di legno. Aveva già deciso di affrontare la situazione in modo più brusco delle volte precedenti. Afferrando il pestello con entrambe le mani, come un soldato pronto ad attaccare il nemico con una baionetta, Sudhamani si mise a gridare, minacciandolo e facendo gesti ridicoli. Damayanti quasi svenne per la vergogna, ma Sudhamani non era intenzionata a mollare facilmente. Continuò la sua recita finché il gruppo del pretendente non se ne fu andato pensando che fosse pazza. Naturalmente Sudhamani ricevette subito la sua punizione di botte e calci.

Dopo questo incidente, Sudhamani decise che se i genitori l'avessero ancora importunata con proposte matrimoniali, se ne sarebbe andata di casa e avrebbe continuato le sue pratiche devozionali in una grotta o in qualche altro luogo solitario. Riguardo al matrimonio era determinata, ma sperava che i genitori non facessero altri tentativi per un po' di tempo.

Lo spietato trattamento della famiglia verso di lei continuò a peggiorare. Riluttante a tollerare ancora la situazione, Sudhamani decise di fuggire da casa. Quello stesso giorno, un pezzo di giornale portato dal vento cadde al suolo proprio davanti a lei. Lo raccolse e con stupore lesse una notizia che riportava il terribile resoconto di ciò che era accaduto a una ragazza che era scappata di casa. Considerandolo un chiaro messaggio di Dio, Sudhamani abbandonò l'idea.

In un'altra occasione, a causa delle eccessive molestie dei famigliari decise di suicidarsi gettandosi in mare. Riflettendoci su, pensò: "Chi muore? Chi nasce? Chi può molestare un vero devoto del Signore?". Questa convinzione eliminò dalla sua mente il pensiero della morte. Durante quei giorni di intensa sadhana, Sudhamani non riusciva a dormire in nessun'altra casa o a mangiare il cibo preparato nella cucina di una persona mondana. Se le accadeva di mangiarne, diventava molto irrequieta o vomitava. Per questa ragione si trovava molto spesso a digiunare. Se cercava di fermarsi in una casa in cui avevano dormito delle persone mondane, non riusciva a riposare nemmeno un momento. Ma non si preoccupava del sonno mancato, in quanto preferiva restare sveglia a meditare e a chiamare il suo Amato. Aveva perfino timore di addormentarsi per paura che Krishna venisse in quel momento e lei perdesse la tanto attesa visione della sua forma divina. Anche in questa fase Sudhamani riusciva in qualche modo a compiere i doveri domestici. Per via del continuo e faticoso lavoro, gli abitanti del villaggio la soprannominarono 'Kaveri'. Kaveri era un personaggio ideale dotato di tutte le virtù. Perfino quando era ammalata andava di casa in casa a vendere il latte. Vedendo le sue grandi privazioni e qualità nobili, gli abitanti del villaggio avevano grande rispetto e amore per Sudhamani.

Le amare esperienze affrontate e l'ambiente rigido in cui crebbe la convinsero della natura transitoria ed egoistica della vita mondana. La sua mente era assorbita in una profonda contemplazione della vita e del suo scopo. Riflettendo sui misteri della vita, pensava: "Dio, non vedi tutti questi dolori e sofferenze? Sono sola al mondo? Chi sono i miei veri familiari? Chi è mio Padre e chi mia Madre? Dov'è la Verità in tutto ciò? Nascendo con un corpo umano, si è destinati a soffrire?". Sudhamani aveva compassione per le persone ordinarie che sentivano attrazione per i piaceri momentanei della vita mondana. Pregava per loro: "Signore, ti prego salva coloro che soffrono per ignoranza, scambiando il mondo effimero per qualcosa di più grande. Ti prego, dona loro la giusta conoscenza".

Le mucche erano molto care a Damayanti. Non permetteva che subissero privazioni, anche a discapito dei membri della famiglia. Ai suoi occhi le mucche erano pari a Dio. Durante la stagione del monsone, le acque delle backwaters straripavano e diventavano tutt'uno con il Mare Arabico, causando inondazioni lungo la costa. A Idamannel, la stalla di famiglia veniva inondata e Damayanti portava le mucche in casa! Il soggiorno si riempiva di sterco e di urina di mucca. Tutti i membri della famiglia protestavano, inveendo contro Damayanti, eccetto Sudhamani naturalmente, che amava le mucche anche più di quanto le amasse la madre, per via del ruolo che esse avevano avuto nella vita di Krishna.

Per lei tutte le stagioni erano ugualmente ispiranti: per lei tutto era una lila. Non si curava del cocente caldo dell'estate, dei pesanti acquazzoni della stagione monsonica, né della brezza invernale. Nella natura non vedeva altro che il suo Amato. Non si aspettava niente da questo mondo; il suo solo scopo era di fondersi nei piedi di loto di Sri Krishna. Perfino il suono della pioggia le riempiva il cuore di amore. Per lei tutti i suoni assomigliavano alla sacra sillaba "Om", specialmente quello della pioggia cadente, al cui ritmo cantava le lodi al Signore. Felice, guardava la pioggia visualizzando Krishna in ogni goccia.

Man mano che le sue pratiche spirituali si intensificavano, si notavano sempre di più i suoi stati d'animo contemplativi. Qualche volta entrava in bagno per farsi la doccia ma veniva trovata alcune ore dopo, dimentica dell'ambiente circostante. Questi stati di Sudhamani erano un mistero per la famiglia, convinta che soffrisse di una qualche aberrazione mentale. La piccola era una viaggiatrice solitaria in un mondo tutto suo. Come immaginare la profondità spirituale di questa innocente ragazza il cui amore non conosceva limiti? Quale forza, se non quella di Dio stesso, la guidava sempre più profondamente verso la realizzazione del Sé?

Spesso, mentre raccoglieva le foglie per le capre, Sudhamani era accompagnata da amichetti che la seguivano ovunque. Essi amavano la sua compagnia; Sudhamani era la loro guida. Sedendo su un ramo a cogliere foglie, veniva sopraffatta dalla chiara sensazione di essere lei stessa Krishna. Più tardi ricordò: "Tutti i ragazzi e le ragazze ai piedi dell'albero mi sembravano i gopa e le gopi".

Ebbe molte visioni divine. Krishna le appariva nel cuore della notte. Il divino suonatore di flauto le prendeva le mani e danzava con lei. Altre volte giocava con lei e la faceva ridere. In quei momenti di beatitudine lei danzava, in estasi divina come mai prima, la danza di Radha e Krishna e udiva il suono melodioso del flauto di Krishna. All'inizio pensava che Krishna suonasse il flauto in qualche luogo lì vicino, ma poi si accorgeva con meraviglia che il suono proveniva da dentro di sé! Immediatamente scoppiava in lacrime e cadeva di fronte al ritratto di Sri Krishna. Se si addormentava, Krishna le appariva e la svegliava. Sudhamani più tardi raccontò: "La sua carnagione era una combinazione di blu scuro e rosso chiaro". A volte vedeva un lettino cosparso di fiori fragranti. Prendendola per le mani, Krishna danzava con lei. La portava sopra le nuvole e le mostrava mondi differenti e altri magnifici scenari, ma Sudhamani pensava: "Quale attrazione avrebbero queste cose se Lui non fosse qui? Krishna è l'Essenza; l'aspetto esterno di questi mondi continuerà a cambiare!". La sua convinzione era ferma. Il suo volo interiore verso l'Amato avveniva di frequente. L'abbandono della piccola era diventato completo.

Qualche volta Sudhamani vedeva Krishna che le camminava al fianco. Altre volte, quando si identificava con Krishna, sentiva l'impulso di fare a pezzi le immagini di dèi e dee, compresa quella di Krishna appesa alla parete. "Questi ritratti sono soltanto carta e colore, non sono Krishna! Io stessa sono Krishna!". Il momento successivo la sua attitudine cambiava: "No, non devo distruggere queste immagini; è stato questo ritratto che mi ha aiutata a raggiungere Krishna. Ogni cosa è pervasa da Krishna, la Coscienza suprema, perciò anche questo ritratto!".

Vedere e realizzare Krishna in tutto segnò il culmine di anni di sacrificio ed intensa aspirazione. Ora si vedeva Sudhamani abbracciare alberi, baciare piante e bambini piccoli, poiché ovunque volgesse lo sguardo vedeva l'incantevole forma del Signore Krishna. Non c'era neppure un punto minuscolo in cui fosse assente. A proposito di questo periodo, in seguito disse: "Guardavo la natura e vedevo tutto come Krishna. Non potevo nemmeno cogliere un fiore perché sapevo che anch'esso era Krishna. Quando la brezza mi sfiorava il corpo, sentivo che era Krishna che mi accarezzava. Ero timorosa nel camminare perché pensavo: 'Oh, sto camminando su Krishna!' Ogni granello di sabbia per me era Krishna. Di tanto in tanto avevo la forte percezione di essere Krishna. Gradualmente questo diventò uno stato naturale. Non trovavo più alcuna differenza fra me e il Krishna di Vrindavan".

Così Sudhamani si stabilì nell'oceano della pura esistenza e beatitudine e conseguì la perfetta pace mentale. Tuttavia la sua identità con il Supremo restava ancora ignota alla famiglia e agli abitanti del villaggio. Anche se esternamente sembrava la stessa normale ragazza di villaggio, internamente era tutt'uno con il Signore Krishna e dimorava nella Realtà unica.

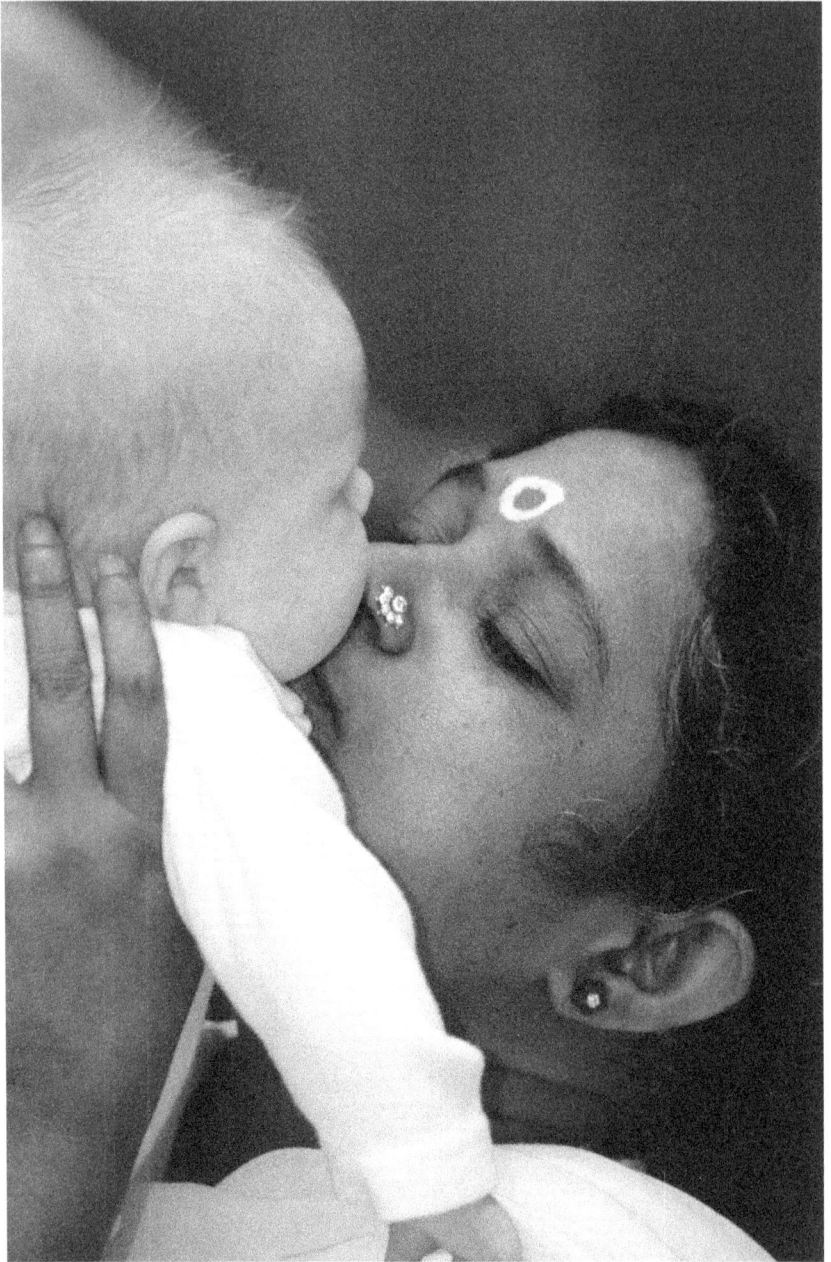

Capitolo 5

Per il bene del mondo

"Tutte le divinità del pantheon induista, che rappresentano gli aspetti infiniti dell'Essere supremo, esistono anche dentro di noi. Per il bene del mondo, un'incarnazione di Dio può manifestare con la sua semplice volontà uno qualunque di questi aspetti. Il Krishna Bhava è la manifestazione dell'aspetto Purusha, o pura Coscienza dell'Assoluto".

Sri Mata Amritanandamayi

Vaṃsī vibhūśita karāt navanīra dabhāt
pitāmbarāt aruṇa bimba phalā taroṣṭāt
purnēntu sundara mukhāt aravinda nētrāt
kṛṣṇāt param kimapi tatva maham na jāne

"Non conosco altra realtà all'infuori di Sri Krishna, le cui mani reggono il flauto, che è bello come una fresca nuvola di pioggia, che indossa abiti gialli, le cui labbra sono rosse come un frutto di aruna bimba, il cui viso è affascinante come la luna piena e i cui occhi sono allungati come petali di loto".

Madhusudana Saraswati

L'avvento del Krishna Bhava

La giovane Sudhamani, il cui intero essere dimorava ormai nel Supremo, si sforzava di portare a termine le faccende domestiche come prima. Cercava con impegno di adempiere ai suoi doveri ma, come vedremo, non era ciò che il Divino aveva in serbo per lei.

Un mercoledì sera, nel settembre del 1975, successero alcuni eventi che più tardi avrebbero segnato l'inizio di un nuovo capitolo negli annali della storia spirituale dell'India. Sudhamani aveva appena terminato di raccogliere l'erba per le mucche e, intorno alle cinque del pomeriggio, stava ritornando a casa, accompagnata dal fratello più giovane, Satish. Trasportava un grosso carico d'erba sul capo; era nel suo solito stato d'animo elevato e aveva sulle labbra la melodia di un bhajan. I due ragazzi stavano passando vicino al cancello di una casa, a nord di Idamannel, quando Sudhamani improvvisamente si fermò. Aveva udito i versi conclusivi dello

87

Srimad Bhagavatam letti ad alta voce nel cortile[1]. La lettura era terminata e stavano iniziando i canti devozionali.

Sudhamani rimase immobile, catturata dal momento, e sembrava ascoltare attentamente il canto. All'improvviso il suo stato d'animo cambiò in modo drammatico. Il fascio d'erba le cadde dalla testa e lei accorse sul posto fermandosi in piedi in mezzo ai devoti riuniti. Immersa nella beatitudine divina, la sua identificazione interiore con il Signore traboccò all'esterno trasformando perfino le sue sembianze e i suoi movimenti: pareva Sri Krishna in persona!

Sbalorditi, i devoti credettero che Krishna fosse davvero venuto improvvisamente tra loro nella forma di quella ragazza per benedirli. Sudhamani chiese ad uno dei devoti di portare dell'acqua e la spruzzò sui presenti come acqua benedetta. La notizia che Sudhamani stava manifestando un aspetto del Divino si sparse velocemente e presto si riunì una grande folla. Alcuni scettici dissero: "Se sei davvero il Signore Krishna, allora dovresti darcene la prova attraverso un miracolo, altrimenti come potremmo credere?". La risposta giunse immediata: "Un oggetto che non esista già non può essere portato in esistenza. Tutte le cose sono in realtà solo la proiezione della mente. Avendo dentro di voi la vera gemma, perché desiderate un'imitazione? Anche se il Puro Essere è all'interno di voi, l'ignoranza lo sta velando!".

Incapaci di afferrare questa sublime verità, la esortarono ripetutamente a mostrare un miracolo. Sudhamani rispose: "Non mi interessa fare di qualcuno un credente compiendo un miracolo. Il mio scopo non è mostrare miracoli, ma infondere nelle persone il desiderio della liberazione, conseguibile attraverso la realizzazione del Sé eterno. I miracoli sono illusori, non sono l'essenza della spiritualità. Non solo: una volta che assistete un miracolo,

---

[1] Ogni mese, questa famiglia organizzava la lettura del Bhagavatam, che narra la vita e i giochi del Signore Krishna.

chiederete di vederne un altro e poi un altro ancora. Non sono qui per creare desideri, ma per rimuoverli".

Gli scettici insistettero: "No, non ne chiederemo altri; mostra-ci un miracolo, ci basterà!". Infine Sudhamani disse: "Per inculcare in voi la fede, lo farò una volta ma non avvicinatevi mai più a me con desideri del genere. Coloro che dubitano vengano qui il giorno della prossima lettura dello *Srimad Bhagavatam*".

Quel giorno si riunì una grande folla, dentro e fuori la casa. I non credenti si arrampicarono persino sugli alberi e sui tetti delle case nella speranza di smascherare un imbroglio. Rivelando la sua unità con Krishna, Sudhamani chiese ad uno scettico di portare una brocca d'acqua che, come in precedenza, spruzzò sui devoti come acqua santa. Poi chiese allo stesso uomo di immergere le dita nell'acqua che rimaneva. Con sorpresa di tutti, l'acqua era diventata latte! Il liquido venne poi distribuito tra la folla come offerta benedetta. Sudhamani chiamò un altro scettico e gli chiese di immergere le dita nella brocca. Il latte ora era diventato un budino dolce e fragrante (*panchamritam*) fatto di latte, banane, zucchero grezzo, uvetta e croccante. Da tutti i presenti si alzò un grido: "O Dio! O Dio!". Il panchamritam fu distribuito a più di mille persone lì riunite, ma il recipiente rimase pieno fino all'orlo. Alcuni scettici, non ancora soddisfatti, dichiararono che l'intera faccenda era solo frutto dell'ipnosi e che il panchamritam sarebbe svanito nel giro di pochi attimi. Ma, con loro disappunto, non fu così e il dolce profumo rimase sulle mani di tutti per parecchi giorni. Questo evento aumentò notevolmente la fede degli abitanti del villaggio e tutti credettero alla divinità di Sudhamani.

Riferendosi all'avvento del *Krishna Bhava*, Sudhamani spiegò: "I primi tempi ero solita danzare in beatitudine e me ne restavo sola, immersa nel Krishna Bhava, ma nessuno lo sapeva. Poi, un giorno sentii una forte spinta a restare assorbita nell'Essere supremo senza ritornare. Allora udii una voce che proveniva da dentro:

'Migliaia e migliaia di persone in tutto il mondo sono immerse nella sofferenza. Ho molto lavoro per te, che sei una con Me'".

Fu dopo aver udito questa voce che Sudhamani manifestò la sua identificazione interiore con il Signore Krishna agli abitanti del villaggio. Sudhamani continuò: "Ero in grado di sapere ogni cosa su chiunque. Ero pienamente conscia di essere io stessa Krishna, non solo in quel momento particolare della manifestazione, ma anche in ogni altro momento. Non mi sentivo importante. Quando vedevo le persone e ne conoscevo le sofferenze, provavo immensa compassione per loro. Ero conscia dei devoti che mi rendevano omaggio e mi si rivolgevano come ci si rivolge al Signore. Potevo comprendere le angosce dei devoti senza che me le raccontassero".

Da quel momento in poi, Sudhamani manifestò regolarmente il Krishna Bhava vicino ad un piccolo albero di baniano, nella parte occidentale di Idamannel vicino alla spiaggia. Attorno all'albero c'erano anche delle altre graziose piante da fiore. Alcuni anni prima, gli abitanti del villaggio avevano progettato di costruire un tempio in quel luogo. Per inaugurare il tempio, alcuni giovani del villaggio avevano piantato un altro baniano e acceso una sacra lampada ad olio.

Sugunanandan aveva incoraggiato i giovani e aveva partecipato attivamente ai loro sforzi. La sua anziana madre, Madhavi, vi si recava ogni sera ad accendere la lampada ad olio e a cantare alcuni canti devozionali, e spesso Sudhamani la accompagnava. Proprio di fronte a questo baniano era stata costruita una minuscola capanna con foglie di cocco intrecciate e dentro erano stati posti un piccolo ritratto del Signore Krishna e uno della Madre Divina Kali.

Parecchi anni dopo, questo divenne il luogo dove Sudhamani rivelava la sua identità con il Signore Krishna. L'area era di proprietà pubblica e perciò era un posto adatto per riunirsi e partecipare al Krishna Bhava. Adagiata su un esile ramo del baniano, Sudhamani assumeva la posizione di Anantasayana, cioè quella del Signore Vishnu adagiato sul serpente dalle mille teste, Ananta. Per sua volontà, in questi momenti il suo corpo diventava leggero come l'aria. Per i devoti era uno spettacolo meraviglioso.

Questo luogo sacro divenne un'autentica Vrindavan, la dimora di Sri Krishna; l'atmosfera era satura di canti devozionali in lode al Signore. I devoti cominciarono ad arrivare non soltanto per il *darshan*[2] di Sri Krishna, ma anche per trovare risposta ai loro problemi. Dopo aver confidato le loro difficoltà a Sudhamani durante il Krishna Bhava, venivano misteriosamente liberati dalle sofferenze.

A quei tempi, quando le persone pregavano per trovare una soluzione ai loro problemi, Sudhamani, nella forma di Krishna, diceva loro di accendere un pezzo di canfora e posargliela sulla lingua. Ella poi la ingoiava accesa! Quando il Bhava era terminato, sulla sua lingua non c'era traccia di bruciature, e anche questo accrebbe la fede della gente.

La notizia del Krishna Bhava si sparse rapidamente e a Parayakadavu cominciarono ad arrivare persone sia dal Kerala che da altre parti dell'India. Ciò segnò l'inizio di un pellegrinaggio in questo luogo sacro, che continua tuttora con un numero sempre crescente di persone. Qualcuno veniva a chiedere sollievo dalla malattia, qualcuno di essere liberato dalle difficoltà materiali, altri venivano per curiosità e altri ancora per devozione. Ma tutti scoprivano che dopo essere venuti da Sudhamani i loro problemi si risolvevano.

Scettici del luogo cominciarono a venire con la speranza di svelare una frode, poiché era così che percepivano lo stato d'animo divino di Sudhamani. Ma la piccola rimaneva calma in ogni circostanza. In seguito spiegò: "Durante il Bhava, vengono

---

[2] Incontrare o avere la visione di una Divinità o di un santo.

a trovarmi vari tipi di persone: alcune per devozione, altre per trovare una soluzione ai loro problemi mondani, e altre per avere sollievo dalle malattie. Io non respingo nessuno. Posso rifiutarli? Sono forse diversi da me? Non siamo tutti delle perle infilate nell'unico filo della vita? Ognuno mi vede in base al livello della sua mente. Coloro che mi amano e coloro che mi odiano per me sono uguali".

Durante i primi due Krishna Bhava, Sugunanandan era lontano per affari. Quando venne a sapere della misteriosa trasformazione di sua figlia, sospettò che si trattasse di qualche strana malattia. Comunque decise di assistere personalmente al Krishna Bhava prima di prendere una decisione. Così organizzò una lettura dello *Srimad Bhagavatam* a Idamannel, e in quel giorno Sudhamani rivelò di nuovo la propria unità con Sri Krishna. Vedendo lo stato divino di sua figlia, che fin dalla nascita era stata motivo di sorprese, Sugunanandan rimase stupefatto e non poté pronunciare una parola. Da allora, essendo un ardente devoto del Signore Krishna, partecipò a tutti i Bhava darshan, che diventarono un evento regolare in questa sacra area costiera.

A questo punto i genitori credevano ancora che i divini stati di Sudhamani fossero solo dei fenomeni di possessione del Signore Krishna e che le sue pratiche devozionali fossero temporanee aberrazioni che un giorno sarebbero sparite. Aspettavano quel giorno, per poterla dare in matrimonio. Non possono essere biasimati, poiché non sapevano nulla dei *Mahatma* (Grandi Anime) e del loro comportamento. Per loro, la manifestazione di Dio sulla terra era limitata agli idoli di dèi e dee nei templi e sugli altari di famiglia. Dio non era in nessun altro luogo, tantomeno nella loro eccentrica figlia!

Dimenticando le esperienze precedenti, i genitori fecero altri preparativi per il matrimonio di Sudhamani, e ogni volta lei minacciava il malcapitato che giungeva a Idamannel per sposarla.

Alla fine, spazientita, Sudhamani avvertì i suoi genitori: "Se riuscirete a darmi in matrimonio, ucciderò lo sposo e tornerò a Idamannel!".

I genitori, dopo tutti quei fallimenti, decisero di chiedere consiglio a un celebre astrologo[3] che viveva in una località distante e non aveva mai sentito parlare di Idamannel né degli stati d'animo divini di Sudhamani. I genitori speravano che alla fine sarebbero riusciti ad aggirare la sua caparbietà. Dopo aver consultato l'oroscopo di Sudhamani, l'astrologo si rivolse a Sugunanandan dicendo: "Questa ragazza è un Mahatma! Se il matrimonio non è ancora stato concluso, è meglio che non facciate altri tentativi. Se invece è già stato celebrato, annullatelo immediatamente, altrimenti dovrete affrontare una grava calamità che vi procurerà enorme dolore". Così il padre tornò a casa depresso, e abbandonò ogni velleità riguardo a un futuro matrimonio.

Quando le persone compresero che la manifestazione del Krishna Bhava era genuina, arrivarono sempre più numerose per ricevere le sue benedizioni. Allo stesso tempo, alcuni venivano per i propri scopi egoistici, nella speranza di approfittare della benevolenza divina di Sudhamani. Una notte, alcuni individui avvicinarono Sudhamani per vedere se poteva essere tentata dal denaro. Le offrirono una grossa somma a patto che manifestasse qualche miracolo. Sudhamani rise sonoramente e con affetto disse loro: "Non ho nulla da guadagnare compiendo miracoli. Il mio scopo non è quello di acquisire fama e prosperità materiale esibendo miracoli. C'è un'immensa ed inesauribile ricchezza di divinità all'interno di noi. Perché dovremmo buttarla via inseguendo la ricchezza peritura e triviale del mondo? Lo scopo della mia vita è il servizio altruistico a Dio e all'umanità sofferente.

---

[3] In India, i matrimoni sono tradizionalmente combinati dai genitori dopo che un astrologo ha consultato l'oroscopo del figlio o della figlia.

Non sono qui per guadagnare qualcosa, ma per rinunciare a tutto a beneficio della felicità altrui".

Ogni giorno il numero dei devoti aumentava, poiché le meravigliose esperienze di chi era stato da Sudhamani per il Krishna Bhava ispiravano altri a prendere rifugio in lei. La spiaggia attorno al baniano si animava di canti devozionali e gli abitanti del villaggio, dimenticando le loro differenze, si riunivano per ricevere le sue benedizioni.

In un'altra occasione, durante il Krishna Bhava, si era riunita vicino al baniano una gran folla. Improvvisamente si formarono grosse nubi cariche di pioggia e ci fu un acquazzone. Non essendoci riparo, i devoti rimasero semplicemente lì ad aspettare l'inevitabile infradiciatura. Ma con grande stupore generale, sebbene tutt'attorno la pioggia fosse torrenziale, nel punto in cui si trovavano i devoti non cadde nemmeno una goccia!

Fu in questo periodo che un cobra cominciò ad infastidire le persone, soprattutto di notte. Gli abitanti del villaggio scorgevano spesso l'animale che si muoveva liberamente e tutti avevano paura di camminare lungo la spiaggia dopo il tramonto. Alcuni di loro avvicinarono Sudhamani durante il Krishna Bhava pregandola di risolvere il problema. Poi, una sera, durante il Bhava darshan, il temuto serpente fece la sua comparsa. La folla si disperse e restò a guardare da lontano. Sudhamani, senza timore, afferrò il cobra e gli toccò la lingua con la propria! Dopodiché lo lasciò libero. Da quel momento in poi, gli abitanti del villaggio non furono più disturbati dal serpente e poterono di nuovo camminare lungo la spiaggia.

Ci fu un momento in cui i 'figli di madre mare', come venivano chiamati i pescatori, erano ridotti alla fame poiché da diversi giorni la pesca non dava risultati. Andarono da Sudhamani durante il Krishna Bhava ed espressero la propria preoccupazione. Ella diede loro una foglia di *tulasi*[4] e disse di farla gettare in mare da un ragazzo in un punto particolare, e poi pescare lì. Per metterla alla prova, i pescatori non seguirono il suo consiglio e al darshan successivo l'avvicinarono nuovamente. Prima che potessero aprir bocca, Sudhamani svelò il loro inganno e offrì un'altra foglia di tulasi. Sorpresi e pieni di rimorso, essi accettarono la foglia e presero il largo, ma non riuscirono a farla cadere nel punto stabilito. Mossa a pietà, durante il darshan successivo, Sudhamani danzò estaticamente sulla spiaggia donando così la sua benedizione. Con grande gioia e sollievo dei pescatori, il giorno seguente un enorme banco di pesci si avvicinò fino alla spiaggia. Nelle storia del villaggio non si era mai registrata una pesca così abbondante. Sudhamani fece la stessa cosa in altre due occasioni in risposta alle preghiere sincere dei pescatori. Ma questa devozione egoistica degli abitanti del villaggio, nata dai desideri, non godeva di molto favore o incoraggiamento da parte di Sudhamani.

Sebbene il Krishna Bhava fosse la manifestazione esteriore dell'infinito potere spirituale di Sudhamani, espresso nella forma di Krishna, i suoi genitori e buona parte degli abitanti del villaggio credevano che lei fosse solo temporaneamente posseduta da Krishna durante il Bhava. Il fratello maggiore e i genitori pensavano che soffrisse di schizofrenia o di qualche altro problema mentale. Da parte sua, Sudhamani li lasciava credere. A quel tempo, le bastava che la gente, come risultato del Bhava darshan, provasse devozione per Dio e sollievo dalla sofferenza. Al momento opportuno, questa rappresentazione divina si sarebbe sviluppata in ulteriori stadi, secondo le necessità della gente.

Tenere il Bhava darshan lungo il mare aveva i suoi inconvenienti, benché i devoti potessero radunarsi lì liberamente. Mentre alcuni venivano per rispetto e devozione, un persistente gruppo veniva solo per insultare e molestare Sudhamani. Non solo, ma il

---

[4] Una varietà di basilico considerata sacra e cara a Sri Krishna.

rapido aumento del numero dei devoti aveva dato origine a qualche insolito sviluppo intorno al baniano. Un gruppo di abitanti del villaggio aveva perfino formato una sorta di comitato che ben presto prese la decisione di installare una cassetta per le offerte, con tanto di lucchetto.

Questi avvenimenti resero molto triste Sugunanandan. Una sera, durante il Krishna Bhava, avvicinò Sudhamani e le espresse la sua preoccupazione: "E' doloroso per me vederti dare il Bhava darshan sulla strada. Inoltre non tollero che gli atei si prendano gioco di te. Mi si spezza il cuore vedendo mia figlia circondata da ogni sorta di persone in un luogo pubblico". E così dicendo scoppiò in lacrime.

Sudhamani rispose: "In questo caso, procurami un altro luogo per ricevere i devoti. Se non c'è altro, la stalla basterà". Sugunanandan acconsentì prontamente e i preparativi per ristrutturare la stalla iniziarono subito. Fu pavimentata e divisa a metà da un muretto. Da un lato continuava ad essere una stalla e dall'altro si tenevano i Bhava darshan. Le quattro pareti erano realizzate con foglie di palma intrecciate.

Ben presto il Bhava darshan fu trasferito dal baniano in riva al mare a Idamannel. Durante il Krishna Bhava, Sudhamani stava in piedi nel tempietto appena costruito. Sporgendosi oltre il muretto, ogni tanto accarezzava le mucche che stavano dall'altra parte.

Una sera, durante il Krishna Bhava, Sudhamani chiamò il padre e gli disse: "I miei devoti verranno da molto lontano. Tanti verranno ad abitare qui permanentemente. Dovrai affrontare molti ostacoli, ma non temere. Sopporta ogni cosa. Non vendicarti di nessuno. Non essere invidioso. Non chiedere nulla a nessuno. Tutto ciò di cui avrai bisogno verrà senza che tu lo chieda. Da' sempre in beneficenza una parte di quello che guadagni. A suo tempo questo luogo diventerà un grande centro spirituale. La piccola viaggerà spesso per il mondo. Anche se dovrai soffrire molto nel prossimo futuro, Dio ti benedirà sempre e ti darà ciò di cui avrai bisogno. I tuoi familiari e anche gli abitanti del villaggio ti odieranno e ti insulteranno, ma a tempo debito diventeranno tuoi amici. Migliaia di devoti diventeranno come dei figli per te. Da oggi in poi la piccola sarà sempre pura".

Una volta ancora Sugunanandan rimase sbalordito! La sua figlia dalla pelle blu scura, che aveva picchiato così tante volte, sarebbe andata in giro per il mondo?! Diamine, non era mai andata nemmeno fino a Capo Comorin![5] Migliaia di persone sarebbero venute a Idamannel? Dove accoglierle? La casa era piccola! Cosa significava che la piccola sarebbe stata sempre pura?[6] Anche se quelle parole lasciarono una profonda impressione nella mente di Sugunanandan, le considerò espressioni folli; fu solo a distanza di anni che realizzò l'assoluta verità di quanto sua figlia gli aveva detto quel giorno.

Alcuni abitanti del luogo trovarono che i loro interessi avevano sofferto per lo spostamento del Krishna Bhava e protestarono dicendo: "Non vogliamo un Dio che asseconda i desideri di suo padre!". Così i devoti che erano soliti cantare vicino al baniano si divisero in due fazioni. Un gruppo dichiarò la sua opposizione cessando di cooperare e l'altro continuò a venire a Idamannel a cantare i bhajan durante il Bhava darshan. Esasperato dai devoti leali, un gruppo di abitanti del villaggio iniziò a venire a Idamannel con il solo intento di litigare e causare guai. Insultavano apertamente chi cantava i bhajan durante il Bhava darshan. Gli antagonisti, sia uomini che donne, continuarono in questo modo finché un giorno Sugunanandan non ne poté più.

---

[5] La punta più meridionale dell'India, duecento chilometri a sud di Parayakadavu.

[6] Dall'inizio del Krishna Bhava, Sudhamani non fu più soggetta al ciclo mestruale.

Con l'aiuto di alcuni devoti li scacciò da Idamannel, ma questo fu solo l'inizio dei problemi.

Il movimento razionalista

Alcuni del gruppo rivale erano figli di proprietari terrieri del villaggio. Si riunirono per formare un'organizzazione che denominarono 'Comitato contro la fede cieca', conosciuta anche come 'Movimento razionalista'. Riuscirono a radunare un migliaio di giovani in tredici villaggi costieri e iniziarono una campagna per porre fine ai Bhava divini di Sudhamani.

Gli abitanti del villaggio avevano amato la virtuosa e nobile ragazza fin da piccola, quando salutava il nuovo giorno con i suoi canti melodiosi a Krishna. Inoltre avevano incrollabile devozione e fede nei suoi Bhava divini, ma la natura inflessibile di Sugunanandan aumentò il sentimento latente di invidia e inimicizia di alcuni di loro. Fin dall'esordio del Krishna Bhava, durante un darshan Sudhamani aveva avvertito il padre di non litigare, né di vendicarsi se qualcuno la ostacolava. Senza ascoltare questo consiglio divino, Sugunanandan prese alcuni provvedimenti contro il comitato, il che servì solo a intensificare l'inimicizia dei cosiddetti razionalisti.

Essi iniziarono con l'inventare degli slogan che insultavano Sudhamani; poi affissero dei volantini pieni di critiche irrazionali e infondate. La loro campagna vendicativa non finì lì; gli sforzi per diffamare Sudhamani e porre fine al Krishna Bhava erano appena iniziati. Il passo successivo fu di inoltrare alla polizia una falsa petizione, nella quale si affermava che lei truffava la gente in nome della devozione! Come risultato di questa petizione, alcuni ufficiali di polizia si recarono a Idamannel per interrogarla. Del tutto imperturbata, Sudhamani disse agli ufficiali: "Vi prego, arrestatemi se volete e portatemi in prigione. Qui i membri della mia famiglia e gli abitanti del villaggio non mi permettono di meditare. Almeno in cella sarò sola e potrò meditare su Dio. Se questa è la volontà di Dio, così sia". Pronunciate queste parole allungò le mani. Gli ufficiali furono colpiti dal suo modo ardito ma innocente di rivolgersi a loro e di affrontare la situazione. Alcuni pensarono fosse pazza, ma gli altri restarono affascinati dalla sua personalità e si sentirono dispiaciuti che un'anima simile venisse insolentemente diffamata e perseguitata per nulla. I funzionari di polizia le resero omaggio e se ne andarono. Il canto che segue fu composto da Sudhamani in quel periodo.

Bhagavane Bhagavane

Tu sei compassionevole verso i devoti…
O pura Coscienza!
Distruttore di tutte le colpe!
Ci sono solo peccatori in questo mondo?

O Bhagavan! O Signore!
Chi insegna la giusta via?
Le verità spirituali si trovano solo
Sulle pagine dei libri…

O Bhagavan! O Bhagavan!
Si vede soltanto falsità e sciocchezza.
O Kanna, ti prego proteggici e
Ristabilisci la rettitudine!

Una sera, durante i bhajan, arrivò un altro ufficiale di polizia che, non soddisfatto dell'indagine precedente, venne ad Idamannel sulla base di nuove lamentele. Con sua grande sorpresa, l'atmosfera ebbe su di lui un effetto calmante e, non riuscendo a trovare nulla da obiettare, anch'egli se ne andò senza sollevare obiezioni.

Tuttavia i miscredenti continuarono i loro sforzi per porre fine alle manifestazioni divine di Sudhamani. Si fecero sempre più aggressivi e decisero di recarsi a Idamannel in piccoli gruppi per disonorare Sudhamani e, allo stesso tempo, rovinare il Bhava darshan. Avevano intenzione di afferrarla e poi di maltrattarla. Questi teppisti erano sicuri che il loro piano avrebbe funzionato, perché si consideravano forti e coraggiosi. Comunque si ritrovarono a lasciare Idamannel pieni di vergogna prima che la serata fosse giunta al termine perché nessuno di loro, per qualche misterioso motivo, osò avvicinarsi a Sudhamani durante il Bhava divino. Ostinati, si rivolsero allora ad un mago tristemente famoso per la sua stregoneria mortale. Questi andò a Idamannel ed offrì a Sudhamani della cosiddetta 'cenere sacra', che invece era infusa di forze malefiche. Questa cenere veniva preparata con il corpo carbonizzato di un cobra ed era ritenuta così potente da provocare la morte della persona contro la quale veniva usata. Anche il solo toccare questa cenere era ritenuto di cattivo auspicio e capace di provocare grossi guai. Pienamente consapevole delle presunte conseguenze, Sudhamani prese la cenere e se la strofinò sul corpo di fronte a quell'uomo, pensando tra sé: "Se il corpo deve perire per questo, così sia. Se è la volontà di Dio, chi può sfuggirvi?". Il mago aspettò a lungo per vedere gli effetti strazianti della sua stregoneria, che non si verificarono mai. Infine dovette andarsene, ammettendo il fallimento, poiché dopo diverse ore di attesa non era accaduto nulla.

A quel punto, i miscredenti erano veramente disperati e misero in atto il loro piano più perfido. Durante il Krishna Bhava entrarono nel tempio per offrire a Sudhamani un bicchiere di latte avvelenato. Sudhamani recitò il suo ruolo impeccabilmente e sorridendo bevve l'intero bicchiere di latte senza esitazione. I nemici aspettavano ansiosamente nel tempio per vedere Sudhamani cadere a terra in preda alle convulsioni e morire. Con loro grande costernazione, dopo alcuni momenti Sudhamani si girò verso di loro, vomitò il latte avvelenato poi continuò a ricevere i devoti come se nulla fosse successo. I razionalisti fuggirono e sospesero temporaneamente la campagna contro di lei.

L'altro ostacolo al quale Sudhamani doveva continuamente fare fronte era l'atteggiamento della propria famiglia. A dispetto delle incessanti molestie che riceveva dai parenti, la mente di Sudhamani non vacillava mai nella sua equanimità, tolleranza e compassionevole determinazione ad alleviare il dolore dei sofferenti, sia amici che nemici, familiari e sconosciuti.

Gli antagonisti e le loro cattive intenzioni di ferire l'innocente Sudhamani creavano un grande stress mentale per Sugunanandan. In quel periodo Sudhamani era solita passare le notti all'aperto, meditando sotto il cielo stellato. Fin da bambina aveva sempre considerato sacri la solitudine e il silenzio della notte, quando poteva comunicare con il Divino e danzare beatamente in uno stato ebbro di Dio senza alcuna interferenza. La paura di Sugunanandan per la figlia era aumentata al pensiero che i nemici potevano attaccarla furtivamente mentre meditava da sola. Quindi, un giorno ordinò: "Figlia, vieni a dormire in casa!". Sudhamani rassicurò con fermezza il padre: "Non ho una casa mia. Preferisco dormire fuori. Egli è ovunque, dentro e fuori. Perché mi dovrei preoccupare? Se qualcuno viene per farmi del male, Lui mi proteggerà".

Damayanti aveva fede in Krishna durante il Bhava darshan, ma subito dopo il suo atteggiamento nei confronti della figlia tornava quello di sempre. Pensava che Sudhamani venisse posseduta da Krishna solo durante il Bhava darshan, e che per il resto del tempo fosse la solita umile serva ed eccentrica figlia. Dopo l'avvento del Krishna Bhava, Damayanti dovette esentare Sudhamani dalle responsabilità domestiche, perché la sua mente ormai poteva entrare in samadhi in qualunque momento e luogo. Se fosse successo mentre stava cucinando o guadando le backwaters, questo totale assorbimento avrebbe potuto metterla in serio pericolo.

Come abbiamo già detto, Damayanti era sempre stata molto ortodossa riguardo alla condotta delle figlie. Proibiva a Sudhamani di parlare ai devoti dopo che il darshan era terminato, particolarmente agli uomini giovani. Se ciò accadeva, Damayanti la castigava severamente e la picchiava senza esitare. Temeva ancora che l'insolito comportamento di Sudhamani potesse portare disonore al buon nome della famiglia! Sebbene Sudhamani fosse al di là di attaccamenti e avversioni, i suoi genitori la credevano una ragazza normale, con tutti i sentimenti e le debolezze umane, tranne che durante il Bhava darshan. E' davvero inspiegabile come le persone a lei più vicine furono le ultime a riconoscere che Sudhamani era costantemente stabilita nella Coscienza di Dio.

Il membro più intrattabile della famiglia era Subhagan, il fratello maggiore di Sudhamani, che non sopportava il modo in cui la sorella riceveva i devoti né il fatto che cantasse e danzasse in estasi. Sudhamani, al di là di tutte le dualità, riceveva uomini e donne, bambini e anziani, tutti allo stesso modo. Questo infuriava Subhagan che, oltre ad essere ateo, credeva fieramente che le donne fossero inferiori agli uomini e che dovessero rimanere silenziose e passare inosservate. Considerava sua sorella schizofrenica e cercò di ostacolarla più che poté.

Un giorno ruppe intenzionalmente la lampada ad olio che i devoti tenevano accesa nel tempio durante il Krishna Bhava. I devoti che arrivarono quella sera per il darshan si sentirono molto desolati nel vedere la lampada rotta perché non c'era modo di sostituirla. Vedendo i loro visi tristi, Sudhamani chiese a qualcuno di andare a cercare alcune conchiglie. Quando gliele portarono disse di mettervi dentro degli stoppini e di accenderle senza olio, dato che non ce n'era. Accadde l'impossibile. Non solo gli stoppini si accesero, ma bruciarono per tutta la notte fino alla fine del Krishna Bhava, senza neanche una goccia di olio! Quando le chiesero come fosse stato possibile, Sudhamani rispose semplicemente: "Le lampade sono rimaste accese grazie al *sankalpa* (una pura decisione) dei devoti". Il giorno del Bhava darshan successivo, un devoto, ignaro della lampada rotta e dell'episodio che ne era seguito, regalò alcune lampade ad olio per il tempio. Rispondendo alle domande dei devoti, spiegò che aveva fatto un sogno nel quale gli era stato detto di portare le lampade.

Alcuni abitanti del villaggio che avevano ridicolizzato con arroganza Sudhamani dovettero affrontare grandi difficoltà. Quello che segue è il racconto di uno di questi episodi.

Un giorno, mentre Sudhamani stava tornando a casa dopo aver fatto visita ad una famiglia vicina, incappò in un gruppo di abitanti del villaggio. Passando di lì, udì un uomo ricco dire ad un amico: "Guarda, questa ragazza è pazza. Sta sempre a cantare e danzare fingendo di essere Krishna. Che assurdità! E' un caso di isteria emotiva. Se solo suo padre la desse in matrimonio, la malattia verrebbe curata". Quando l'amico scoppiò a ridere, l'uomo continuò: "Se suo padre ha bisogno di una dote, sono pronto a prestargli duemila rupie affinché la possa sposare; devo dirglielo oggi!".

Sudhamani non disse una parola. Arrivata a casa, corse nella stanza della puja e si chiuse dentro. Lì seduta cominciò ad aprire il suo cuore a Krishna: "O Krishna, non senti quello che dicono? Mi chiamano pazza! Non sanno nulla della tua bellezza e vogliono conformarmi al loro stile di vita egoistico. O Krishna, protettore di coloro che cercano il tuo rifugio, mi hai abbandonata anche Tu? Se è così, allora chi ti adorerà vedendo la mia condizione disperata? E' questa la ricompensa per le lacrime che ho versato pensando soltanto a Te? Questo mio amore e questa mia devozione sono solo il frutto dell'immaginazione di una pazza? Tu sei sempre stato il mio solo conforto. Nel cielo blu vedo il tuo volto sorridente, nelle onde la tua forma che danza. Il canto delle colombe al mattino è il tuo flauto divino! O Krishna, O Krishna...". Pregando così, iniziò a singhiozzare e cadde a terra.

Nel frattempo, il ricco che aveva preso in giro Sudhamani era impegnato a preparare il peschereccio e le reti per la pesca. Radunati i pescatori, si diresse con loro in mare aperto. Quel giorno fecero una pesca eccezionale e tornando a riva erano tutti esultanti.

Sulla via del ritorno, alcuni pescatori che amavano e adoravano Sudhamani si rivolsero al padrone delle barche: "Sai, non è stato corretto prendere in giro l'innocente ragazzina come hai fatto oggi". Il proprietario ribatté in tono derisorio: "E anche se fosse? Guarda cos'è accaduto dopo che l'ho presa in giro: abbiamo fatto una pesca eccezionale!".

I devoti furono zittiti e chinarono il capo. Mentre il peschereccio si avvicinava alla riva, il proprietario disse: "Ehi, perché non andiamo a vendere il pesce a Nindakara?[7] Spunteremo un buon prezzo. A Parayakadavu i prezzi sono molto bassi". Così fecero rotta verso Nindakara. Erano quasi arrivati a destinazione quando il mare divenne burrascoso. In breve tempo si alzarono onde enormi che si infransero contro lo scafo di legno. L'imbarcazione piena di pesci, reti e uomini fu travolta da onde gigantesche. Tutti gli sforzi dei pescatori per controllare l'imbarcazione furono inutili. La barca cominciò ad affondare. Poco dopo, investita da un'onda enorme, venne scaraventata sugli scogli e vi si infranse. La pesca della giornata andò perduta, uno dei pescherecci migliori dell'orgoglioso proprietario fu distrutto e le reti, strappate, finirono sugli scogli. Solo le loro vite furono risparmiate. A fatica tutti i pescatori riuscirono a mettersi in salvo nuotando verso riva.

Per l'arrogante proprietario fu una grave perdita totalmente inaspettata. I lavoratori devoti di Sudhamani sussurrarono tra

---

[7] Cittadina del Kerala rinomata per il suo mercato del pesce.

loro: "Guarda il risultato della furia divina! Si stava vantando della sua fortuna dopo aver deriso la piccola. E guarda cosa è successo!".

Un altro disse: "Ha lasciato Parayakadavu dopo aver detto che la piccola era un'isterica e dopo essersi vantato che avrebbe prestato duemila rupie a suo padre per la dote; ora vedremo dove prenderà il denaro!". La perdita si aggirava intorno alle settantacinquemila rupie. I pescatori tornarono a casa in autobus e la notizia si diffuse ovunque.

A quei tempi, Sudhamani a volte diventava improvvisamente giocherellona come una bambina di tre anni e scherzava con i devoti venuti per il Krishna Bhava. Quando il darshan era finito, si avvicinava di soppiatto ai devoti che dormivano; qualche volta legava la coda del sari di una donna ai capelli di un'altra; altre volte versava una manciata di sabbia nella bocca di chi dormiva a bocca aperta. Harshan, un cugino zoppo di Sudhamani, aveva grande rispetto e amore per lei. Se gli capitava di dormire da qualche parte dopo il darshan, Sudhamani lo scovava. Afferrandolo per i piedi lo trascinava ridendo. Anche per lui era un grande divertimento e tutti i devoti scoppiavano a ridere di fronte agli innocenti giochi di Sudhamani. A Subhagan non piacevano questi atteggiamenti della sorella e la sgridava per il suo comportamento insolito. Come poteva lui, digiuno di spiritualità, capire lo stato elevato di Sudhamani?

Riguardo ai suoi strani comportamenti, Sudhamani disse: "La mia mente è sempre tesa a fondersi con l'Assoluto. Cerco costantemente di tirarla giù; solo allora posso servire i sofferenti e mescolarmi ai devoti. E' per questo che gioco così, per tenere la mente occupata nel mondo dei devoti, benché senza attaccamento".

Capitolo 6

Come figlia della Madre Divina

"Mentre nella mia mente si manifestavano con chiarezza nobili aspirazioni, la Madre Divina mi accarezzò la testa con le sue radiose mani gentili. A capo chino dissi alla Madre che la mia vita era dedicata a Lei".

Sri Mata Amritanandamayi

Sivastvam gurustvanca saktistvamēva
tvamēvasi māta pitā ca tvamēva
Tvamēvasi vidyā tvamēvāsi bandhur
gatirmmē matirddēvi sarvam tvamēva

"O Devi, in verità Tu sei Shiva,
Tu sola sei il Maestro,
Tu sola sei l'Energia suprema,
Tu sola sei la Madre, Tu sola sei il Padre.
Conoscenza, parenti, sostentamento e intelligenza, Tu sei ogni cosa
per me".

Devi Bhujangam

Devozione

La *bhakti* (devozione) ha un fascino e una bellezza indescrivibili. Il desiderio sincero di un vero devoto è di rimanere un devoto per sempre. Non desidera né il paradiso né la liberazione. Per lui, la devozione è la sua vita, e il Signore il suo tutto. Il devoto prova la gioia più grande cantando le glorie del Signore. Questo è il motivo per cui i *Bhakti Shastra*[1] dichiarano:

Il frutto della devozione è solo la devozione.
La natura intrinseca di questo amore divino
E' beatitudine immortale.

Perfino il grande santo Suka, sebbene fosse completamente stabilito nella Coscienza suprema, trovava grande delizia nel cantare le glorie del Signore; tale è la beatitudine della pura devozione.

---

[1] Scritture devozionali come i *Narada Bhakti Sutra*.

Sudhamani, che era pienamente stabilita nella coscienza di Krishna, aveva tuttavia un'inestinguibile sete di godere della beatitudine della devozione suprema (*Parabhakti*). La sua completa identificazione con il Signore Krishna le rendeva però impossibile meditare sulla sua forma o restare immersa nel pensiero di Lui. Così le sue preghiere smisero di fluire verso Krishna e la sua sadhana su Krishna giunse alla fine.

Poi, Sudhamani ebbe una visione che provocò un grande cambiamento nella sua manifestazione del Divino e nel suo servizio al mondo. Questa visione inaspettata le fece intraprendere la sadhana sulla Devi, nel suo appassionato desiderio di realizzare il Divino come Madre dell'Universo. Un giorno Sudhamani sedeva da sola in una stanza. Aveva gli occhi aperti, ma la mente era rivolta all'interno, assorbita nel Sé. Ad un tratto apparve davanti a lei un globo di luce brillante. Era rossiccio come il sole al tramonto e allo stesso tempo calmante come la luna. Il globo di luce non poggiava sulla terra né era sospeso nel cielo; ruotava. Sullo sfondo di questo splendente e tuttavia rinfrescante disco di luce, emerse l'incantevole forma della Devi, la Madre Divina, con una magnifica corona che le adornava il capo. Eccitata da questa affascinante visione, Sudhamani gridò: "O Krishna, è venuta la Madre! Ti prego, portami da Lei, voglio abbracciarla". Immediatamente Sudhamani percepì Krishna che la sollevava. Egli salì con lei al di sopra delle nuvole dove lei scorse strane visioni di alte colline, vaste e fitte foreste, serpenti blu e caverne terrificanti. Ma la piccola non riusciva a trovare la Devi da nessuna parte. Come una bimba piccola, Sudhamani gridò: "Voglio vedere mia Madre! Dov'è mia Madre?", ed iniziò a piangere.

L'affascinante visione della maestosa Incantatrice era sparita ma rimase impressa nel suo cuore per sempre. Sudhamani rimase a lungo immersa nell'estasi. Da quel momento ebbe il forte desiderio di rivedere il benevolo sorriso e il volto compassionevole della

Madre Divina. Lei, che aveva visto la forma divina di Sri Krishna innumerevoli volte, rimase affascinata dall'ineffabile splendore della Devi. Il suo cuore ne fu catturato ed il solo desiderio che aveva adesso era di abbracciare la Madre, sederle in grembo e baciarla sulla guancia.

Così Sudhamani, che non aveva mai meditato su altra forma se non Krishna, che aveva fermamente creduto che non esistesse divinità superiore a Lui, cominciò a dedicare tutta se stessa a realizzare il Divino nella forma della Madre Universale, Adi Parashakti[2]. Ad eccezione del tempo che trascorreva nel Krishna Bhava, solitamente la si trovava in profonda contemplazione della risplendente forma della Madre Divina. Il desiderio di rivedere la Devi bruciava senza sosta nel cuore di Sudhamani. Prima, i suoi doveri familiari avevano richiesto che lei rimanesse attiva nel mondo, ma ora questa catena si era spezzata e lei riuscì a staccarsi completamente dal piano di esistenza grossolano. Divenne uno sforzo perfino prendersi la minima cura del corpo. Per mesi si cibò solo di foglie di tulasi e acqua.

A volte quando usciva da una profonda meditazione la si udiva gridare: "Amma! Amma! Dove sei andata? Sei venuta quel giorno solo per abbandonarmi? Ti prego abbi misericordia di questa tua bambina e rivelale ancora la tua forma meravigliosa! O Madre, se lo merito, rendimi una cosa sola con Te. Non posso sopportare l'agonia della separazione! O Madre dell'Universo, perché resti indifferente al richiamo di questa figlia? Ti prego, abbracciami, prendimi tra le tue braccia!".

Kannunir kondu

Laverò i tuoi piedi con le mie lacrime.
O Katyayani, non abbandonarmi.

---

[2] L'Energia suprema primordiale, la Creatrice, la controparte femminile di Shiva, o pura Coscienza.

Quanti giorni devo aspettare, Madre mia,
Per la visione della tua forma?

Tu indugi nel concedermi ciò che desidero,
Ma la mia mente riposa soddisfatta
A causa della tua Maya.
Mi permetterai di offrire
Un fiore rosso ai tuoi piedi?

Lungo questo sentiero dimenticato
Vago nella speranza di ritrovarti.
C'è un po' di gentilezza nel tuo duro cuore,
Dimmi, amata di Shiva?

Alla fine della sua sadhana su Krishna, Sudhamani aveva percepito ogni cosa come pervasa da Krishna ed ora sentiva la presenza della Devi in tutto. Perfino la brezza era il respiro della Devi. Vagava parlando a piante, alberi, uccelli e animali. Percepiva la Terra come sua madre e si rotolava nella sabbia gemendo: "Amma, Amma! Dove sei? Dove non sei?".

Un giorno, finita la meditazione, Sudhamani uscì dalla stanzetta della puja e fu assalita dalla sensazione di essere una bimba e che la Natura fosse la Madre Divina. In quello stato d'animo camminò carponi fino ai piedi di una palma da cocco. Piangendo, implorò: "Madre… Madre mia… perché ti nascondi dalla mia vista? So che ti celi in questo albero. Tu sei in queste piante, vivi in questi animali, in questi uccelli! La Terra non è nient'altro che Te. O Madre, che ti nascondi nelle onde dell'oceano e nella fresca brezza! O Madre, mia elusiva Madre!…". Dopo di che abbracciò l'albero di cocco, sentendo che era la Madre Divina.

Qualche volta Sudhamani si sdraiava, ma non per riposare, poiché i piaceri sensoriali non le interessavano. Sdraiata sulla nuda terra, fissava il cielo infinito, le nubi d'argento, il sole splendente, le stelle con il loro scintillio e la fresca luna. Quando sopra di lei si riunivano nuvole cariche di pioggia, in esse non vedeva più Krishna, ma immaginava i lunghi capelli ondulati della Madre Divina. Ogni corpo sospeso nei cieli infiniti diventava un segno della presenza della Devi. Mentre giaceva in quello stato, Sudhamani non dormiva mai, ma rimaneva con le lacrime agli occhi in uno stato di supplica alla Madre dell'universo.

Riferendosi a quei giorni, in seguito Sudhamani disse: "Mentre camminavo, ad ogni passo ripetevo il nome della Devi. Facevo il passo successivo solo dopo aver ripetuto il mantra. Se me ne dimenticavo facendo un passo, retrocedevo immediatamente, ripetevo il mantra e solo allora riprendevo il cammino. Se ero impegnata in qualche attività esterna, decidevo anticipatamente di ripetere il mantra un certo numero di volte prima di terminare il lavoro. Mentre facevo il bagno nel fiume, prima di immergermi nell'acqua decidevo di eseguire un determinato numero di mantra prima di tornare in superficie. Non ho mai avuto un Guru, né sono mai stata iniziata da qualcuno con un mantra particolare. Il mantra che ripetevo era: "Amma, Amma".

C'è un passo delle Scritture che dice: "Nello stato di devozione suprema, le azioni cessano naturalmente". Lo si vede chiaramente nel caso di Sudhamani. Se al mattino la sua mente si immergeva nel pensiero della Madre Divina mentre si lavava i denti, questo stato di concentrazione si approfondiva e poteva durare per ore. In generale, i suoi tentativi di fare il bagno avevano un successo anche minore. Entrando in bagno si accorgeva che aveva dimenticato l'asciugamano. Dopo l'asciugamano notava di aver dimenticato anche il sapone e allora esclamava: "O Madre, quanto tempo si spreca anche solo per cercare di fare un bagno! Lascia invece che la mia mente si concentri su di Te! Anche un solo attimo trascorso senza pensare a Te porta l'agonia nel mio cuore...". Così, tralasciando l'idea originale di fare il bagno, sedeva sul pavimento e si immergeva in samadhi. Passavano ore prima che qualcuno la scoprisse seduta in bagno, profondamente assorbita in meditazione. Per svegliarla le versavano un secchio d'acqua in testa e così alla fine faceva il bagno! Se questo non bastava per riportarla alla coscienza ordinaria, la scuotevano violentemente o la riportavano in casa sollevandola di peso.

Nella zona costiera non esistevano gabinetti. Ogni famiglia aveva un piccolo sgabuzzino fatto di foglie di palma intrecciate, sospeso sulle backwaters. Non essendoci un pavimento, al momento dell'evacuazione bisognava sporgersi da una tavola. Capitò molte volte che Sudhamani, seduta nella latrina, cadesse nell'acqua sottostante dopo aver perso la consapevolezza esterna.

Sedeva per molte ore immersa nella meditazione sulla Madre Divina. Prima di iniziare decideva: "Devo stare seduta per un certo periodo di tempo". Poi comandava al suo corpo: "Siediti qui, corpo". Diceva alla Devi: "Non usare i tuoi trucchi con me. Tienili per Te. Se non mi permetti di sedermi e meditare, non ti lascio andare via!". Se qualcosa la distraeva, mordeva la Devi e le tirava i capelli, finché si accorgeva che stava mordendo il proprio corpo e tirandosi i capelli.

Un giorno, Sudhamani non riuscì a stare seduta per il tempo che aveva prefissato perché sentì che qualcuno la stava scuotendo violentemente e quella sensazione la disturbava. "Deve essere un trucco della Madre Divina! Perché non mi lascia restare seduta?". Improvvisamente aprì gli occhi e uscì dalla stanza della puja per ritornare subito dopo con un pestello di legno, con il quale intendeva minacciare la Devi. Sollevando la sua arma, gridò alla Devi: "Oggi ti…", e subito dopo si rese conto dell'assurdità. "Cosa!? Picchiare la Devi? Ha senso? E' mai possibile?". Posò il pestello e riprese a meditare.

Non sprecava neanche un attimo senza ricordare la Madre Divina. Se qualcuno le parlava, immaginava che fosse la Devi;

la persona continuava a parlare finché non si rendeva conto che la piccola era scivolata misteriosamente in un altro mondo. Se si accorgeva di aver passato un momento senza pensare alla Devi, si sentiva molto a disagio e confessava: "O Madre, ho sciupato tanto tempo!". E per recuperarlo, quel giorno aumentava la durata della meditazione. Se le capitava di saltare una meditazione, passeggiava tutta la notte ripetendo il mantra e pregando con intensità: "O Madre, a che serve questa vita se non riesco a meditare su di Te? Senza di Te c'è solo *Maya* (illusione) che aspetta di divorarmi. Madre, ti prego, dammi forza! Concedimi la tua visione! Dissolvimi nel tuo Sé eterno!".

Più di ogni altra cosa, Sudhamani amava meditare in riva all'oceano nelle silenziose ore notturne. Per lei, l'infrangersi delle onde risuonava con la sacra sillaba "Om". L'immenso cielo blu splendente di stelle rifletteva la divinità senza limiti della Madre Divina. In un attimo la sua mente si volgeva all'interno e spontaneamente si immergeva nel Sé.

In quelle notti, se cercava la figlia, Sugunanandan si agitava molto quando non riusciva a trovarla in casa o in cortile. Infine la sua ricerca lo portava al mare, dove la trovava assorta in profonda meditazione seduta immobile come una roccia. Alcuni abitanti del villaggio, fraintendendo lo scopo delle visite notturne di Sudhamani alla spiaggia, iniziarono a parlare male di lei. Quando queste voci giunsero alle orecchie di Sugunanandan, egli proibì severamente alla figlia di andare in spiaggia di notte.

Questi episodi, che caratterizzano la prima fase della sadhana di Sudhamani sulla Devi, servirono solo a convincere maggiormente la famiglia del suo squilibrio mentale. Questi stati elevati di pura devozione erano molto al di là della comprensione delle persone ordinarie. A volte Sudhamani singhiozzava come una bambina, chiamando ad alta voce un Essere impercettibile; altre volte batteva le mani e rideva forte, poi si rotolava al suolo o cercava di baciare le increspature dell'acqua chiamando ad alta voce: "Amma, Amma". Non c'è da meravigliarsi che il volo solitario della piccola verso l'Assoluto fosse preso per pazzia. Perfino i devoti che le facevano visita durante il Krishna Bhava non riuscivano a comprendere questa sua appassionata ricerca dell'unione con la Madre Divina.

E' ironico che, benché la famiglia la considerasse pazza, nessuno di loro cercasse di scoprirne la causa o di curarla. Persistevano nel rimproverarla e tormentarla, soprattutto il fratello Subhagan. Il loro trattamento divenne così disumano che Sudhamani decise di togliersi la vita tuffandosi nell'oceano. Pianse supplicando la Madre Divina: "Sono così cattiva? Perché i miei familiari persistono nella loro crudeltà? La gente ama solo chi ha fascino. Non riesco a trovare puro amore da nessuna parte in questo mondo. Cara Madre, sento che tutto è illusione. Madre, non sei forse la protettrice dei devoti? Non sono tua figlia? Mi hai dimenticata anche Tu? Se è così, allora perché dovrei continuare a portare il peso di questo corpo? E' un fardello sia per me che per gli altri. Accetta tua figlia, Madre Oceano!". Sudhamani corse verso il mare con determinazione ma, giunta sulla riva, vide che il vasto mare era la Devi stessa. Non poté più trattenere la mente sul piano fisico, entrò in samadhi e cadde sulla sabbia dimentica di ciò che la circondava.

Suo cugino Harshan, che le era devoto, aveva sentito la sua preghiera d'addio mentre correva via da Idamannel e, intuendone le intenzioni, l'aveva seguita. La ritrovò incosciente in riva al mare e la riportò con riverenza a Idamannel, ringraziando Dio per averla trovata ancora viva. Sebbene alcuni la considerassero matta, al villaggio molti simpatizzavano con Sudhamani e dicevano: "Guarda com'è pietosa la sua condizione! Povera ragazza! Nessuno se ne prende cura; perfino i genitori l'hanno abbandonata. Quando era normale e in salute, lavorava giorno e notte per loro ma adesso se ne disinteressano. Non è forse figlia loro?'".

Alcune donne del vicinato, provando pietà, cominciarono a servirla amorevolmente. Esse avevano ammirato questa straordinaria ragazzina fin dalla sua infanzia; ora erano sempre presenti al Krishna Bhava e riconoscevano lo splendore spirituale di Sudhamani e il suo amore universale. Avevano una vaga comprensione dei suoi sublimi stati spirituali e l'aiutavano ogni volta che ne avevano l'occasione.

Chellamma e sua figlia Vatsala vivevano sul lembo di terra di fronte a Idamannel. Vatsala considerava Sudhamani come una cara amica e provava grande amore per lei. Abitando così vicine a Idamannel, capitava loro spesso di accorgersi che la piccola era caduta nelle backwaters. La ripescavano immediatamente, la asciugavano e la vestivano con abiti puliti.

Pushpavati e suo marito Bhaskaran erano ardenti devoti. Amavano Sudhamani come una figlia e si sentivano tristi per come la famiglia la tormentava. Rema e Rati, due sorelle che vivevano vicino a Idamannel, le erano molto affezionate. Aisha, un'altra amica fedele, cugina di Sudhamani, era estremamente gentile e amorevole verso di lei. Queste erano le donne che ebbero la fortuna di servire Sudhamani durante i suoi giorni di intense *tapas* (austerità). Quando dimenticava l'ambiente circostante, spesso una delle donne la trovava nell'acqua fangosa o nella polvere. Se non riuscivano a farla rinvenire, la portavano a braccia fino a casa loro. Come se fosse una bambina piccola, le lavavano i denti e le facevano un bagno caldo, la vestivano con abiti puliti e la nutrivano imboccandola.

Subhagan, come sempre, si opponeva a Sudhamani ed ai suoi stati d'animo divini. Fece molte pressioni su di lei affinché ponesse fine al Krishna Bhava, che secondo lui era un'esibizione vergognosa che disonorava il buon nome della famiglia. Vedendo che non veniva ascoltato, un giorno, dopo il Bhava darshan, mentre Sudhamani stava per entrare in casa, le si parò davanti minacciosamente: "Non entrare in questa casa! Potrai farlo soltanto dopo che avrai abbandonato questa vergognosa abitudine di cantare e danzare!". Prendendo le sue parole per un comando divino, Sudhamani uscì senza dire una parola e si sedette nel cortile, ma Subhagan le ordinò di andarsene anche da lì. Udendo questo, lei prese una manciata di sabbia e, porgendogliela, disse: "Se è tua, per favore, conta questi granelli!".

Da quel momento visse fuori di casa, cosa che era comunque di suo gradimento. Il cielo divenne il suo tetto, la terra il letto, la luna la lampada e la brezza del mare il ventilatore. Queste austere condizioni servirono soltanto ad intensificare la sua rinuncia e determinazione a realizzare la Madre Divina. Alzando le mani sopra la testa, con le lacrime che le rigavano le guance come un bimbo piccolo che chiama sua madre, Sudhamani gridava: "Amma, Amma... mi hai lasciata qui a morire di brama per la tua visione? I giorni passano uno dopo l'altro e ancora non ho pace mentale perché non vedo la tua forma incantevole. Sei la mia sola speranza. Mi abbandonerai anche Tu? Non vedi la mia condizione disperata?". In questo periodo Sudhamani scrisse i seguenti canti:

Bhaktavalsale Devi

O Devi, Ambika, incarnazione della bellezza,
Colma di affetto per i devoti,

Dimora qui per porre termine
Alla sofferenza dei devoti!

Tu sei ogni cosa, l'origine di tutto,
E puoi porre fine alla mia miseria.

Ti ergi come Imperatrice di tutti gli esseri
Tu sei il mondo e anche chi lo protegge.

Ti lodo con fede e devozione.
Dea dell'universo, desidero vederti.

Da quanti giorni desidero vederti?
Ti lodo senza perdere neanche un momento.

Ho commesso io qualche errore,
O sei Tu che non vuoi porre fine al mio dolore?

O forse desideri che il mio sé interiore
Venga ridotto in cenere?
Sono confusa... non so nulla.

Si rivelerà falsa la verità che serbo nel mio cuore
Che tutti i figli sono uguali per la Madre?

Per porre fine al mio tormento, chiedo
Un po' del nettare della tua grazia che trabocca
Dallo sguardo dei tuoi santi occhi.

Mi getterò ai tuoi piedi per vedere
Il tuo viso grazioso e mendicare il dono della
Realizzazione della vita.

Oru tulli sneham

O Madre, affinché la mia vita trovi soddisfazione
Dona una goccia del tuo amore al mio arido
Cuore in fiamme; perché usi fuoco ardente
Per fertilizzare questo rampicante avvizzito?

Scoppiando a piangere, quante
Calde lacrime ti ho offerto?
Non odi il mio cuore fremere
E l'agonia manifestarsi in singhiozzi repressi?

Non lasciare che il fuoco entri e danzi
Nella foresta di alberi di sandalo.
Non lasciare che questo fuoco del dolore mostri
La sua forza e scoppi come tegole infrante...

Devi, cantando il nome "Durga, Durga"
La mente ha dimenticato ogni altro sentiero.
Durga, non voglio né il cielo né la liberazione,
Voglio solo pura devozione per Te...

A causa delle sue intense tapas, il corpo di Sudhamani diventò estremamente caldo, come se fosse sui carboni ardenti. Il calore diventò così insopportabile che tollerava a malapena i vestiti. Per avere sollievo dalla rovente sensazione, si rotolava nella sabbia fangosa delle backwaters. A volte rimaneva immersa per ore nelle backwaters in meditazione profonda.

Dei devoti sinceri di Sudhamani la invitavano spesso a casa loro per cerimonie speciali. Credevano che la sua presenza conferisse splendore spirituale e potere a tutti i partecipanti. Queste famiglie avevano l'abitudine di venire a Idamannel a prendere Sudhamani per portarla a casa loro in autobus. A volte, mentre aspettava alla fermata, Sudhamani diventava ebbra di Dio e, dimentica del mondo esterno, si rotolava per terra ed esplodeva in estatiche risate. Ovviamente la gente non comprendeva il suo stato e le si radunava intorno osservando attonita. Altri la stuzzicavano chiamandola pazza. I bambini, in piedi attorno a lei, la prendevano in giro, ma questo non turbava affatto Sudhamani. Quali parole di scherno potevano raggiungere il mondo in cui dimorava? Che maltrattamenti potevano rovinare lo stato d'animo di beatitudine divina dell'innocente ragazza?

Nel suo profondo dolore per la separazione dalla Madre Divina, Sudhamani a volte piangeva e gridava. I bambini le si radunavano attorno in quei momenti, supplicandola: "Sorella, non piangere! Hai mal di testa?". Infine anche loro capivano che piangeva per il desiderio di vedere la Devi. Durante queste incontrollabili esplosioni, una delle sue sorelle più giovani si metteva in piedi vicino a lei e assumeva la posa della Devi indossando un sari e sciogliendosi i capelli. Con grande gioia Sudhamani correva ad abbracciarla. Se vedeva una bella ragazza mentre era in quello stato d'animo, le correva incontro, l'abbracciava e la baciava perché in lei vedeva soltanto la Devi.

Vedendo la figlia immemore del corpo, Sugunanandan cercò varie volte di costruire una tettoia per proteggerla dalla pioggia e dal sole. Mentre era sdraiata o seduta immersa nella meditazione, i suoi genitori coglievano l'opportunità per costruire un riparo sopra di lei. Ma quando ritornava alla consapevolezza esterna, vedendo ciò che i genitori stavano facendo, si allontanava da quel luogo dicendo: "Anche questo sarà causa di dolore. Per quanti giorni sarai in grado di tenerlo qui? Se te ne andrai, chi lo custodirà? Lasciami sopportare il caldo, il freddo e la pioggia in modo che io li possa trascendere".

In quei giorni di brama intensa per la Madre Divina, Sudhamani assunse la natura di una bambina di due anni, la bambina della Madre Divina. La sua identificazione era così completa che molte sue azioni potevano essere comprese soltanto sotto questa luce. Un giorno, uscendo dalla meditazione, si sentì molto affamata ed assetata. Proprio in quel momento vide Pushpavati, una devota del vicinato, che stava allattando il figlio. Immediatamente Sudhamani andò da lei, spostò il bimbo e si adagiò al suo posto in grembo alla donna per essere nutrita. Invece di sentirsi a disagio per questo inaspettato comportamento di Sudhamani, Pushpavati provò un forte sentimento di amore materno nei suoi confronti. Questo si ripeté diverse volte, finché Pushpavati si rese conto che era meglio allattare il figlio fuori dal raggio d'azione dell'innocente Sudhamani.

Un giorno, alcuni devoti videro Sudhamani inconscia nella sabbia fangosa vicino alle backwaters. Aveva gli occhi, le narici, le orecchie ed i capelli pieni di fango e sabbia. Il flusso continuo delle lacrime aveva lasciato delle linee visibili sulle sue guance blu scuro. I devoti si spaventarono ed informarono Sugunanandan della sua pietosa condizione, ma lui li ignorò. Costernati per la sua indifferenza, decisero quindi di trasportare Sudhamani in casa. La ripulirono dal fango e dalla sabbia e la adagiarono sul letto del fratello maggiore a riposare.

Quando Subhagan tornò a casa, andò su tutte le furie e cominciò a scuotere violentemente il letto come per mandarlo in mille pezzi. Come un pazzo, gridava: "Chi ha messo questa miserabile sul mio letto? Chi ha messo questa miserabile sul mio letto?". Il letto si spaccò, ma Sudhamani rimase lì in mezzo ai rottami, immemore del mondo. Più tardi, quando venne a sapere dell'incidente e del pericolo che aveva corso, disse semplicemente: "Qualunque cosa accada è volontà di Dio". Al darshan successivo, fra lo stupore generale, un devoto che faceva il falegname e che era completamente ignaro dell'incidente del giorno precedente, regalò a Sudhamani un letto, un tavolo e delle sedie. Quando gli fu chiesto il motivo del suo gesto, disse che aveva fatto un sogno nel quale Sri Krishna gli aveva detto di portare quelle cose in dono alla piccola.

Capitolo 7

Molto migliori degli uomini

"Gli esseri umani non sono i soli ad avere il dono della parola. Anche gli animali, gli uccelli e le piante hanno questa capacità, ma noi non siamo in grado di comprenderli. Chi ha la visione del Sé lo sa".

Sri Mata Amritanandamayi

Ahimsā pratiśtāyām tat
sannidhau vairatyāgaha

"Nei confronti di colui che è stabile nella non-violenza, tutti gli esseri abbandonano ogni ostilità".

Yoga Sutra di Patanjali
Sadhana padam, verso 35

Storie di animali

Mentre Sudhamani viveva all'aperto, cani, gatti, mucche, capre, serpenti, scoiattoli, piccioni, pappagalli ed aquile cercarono la sua compagnia e diventarono suoi intimi amici. Questa fase della sua sadhana dimostra il potere dell'amore, che porta armonia tra animali che sono altrimenti nemici naturali. A quel tempo, quando i suoi famigliari l'avevano abbandonata e si opponevano alla sua vita spirituale, questi animali le stavano vicino e le rendevano un servizio fedele. Il loro comportamento rivelava che sembravano capire Sudhamani molto meglio degli esseri umani. In quei giorni Sudhamani non mangiava nulla che venisse da casa sua, poiché era estremamente sensibile al cibo preparato da persone mondane. Il solo cibo che riusciva a mangiare era quello cucinato ripetendo dei mantra. Un giorno, uscendo dal tempietto dopo la meditazione, sentì una gran fame e molta sete. Vedendo di fronte al tempio una mucca della sua famiglia, Sudhamani la considerò istantaneamente come un dono di Dio e, come un vitellino, bevve direttamente dalle sue mammelle, mentre la mucca teneva le gambe in una posizione appropriata. Da quel giorno la mucca rimaneva sdraiata davanti al tempio finché Sudhamani usciva dalla meditazione. Rifiutava perfino di mangiare e di allattare il proprio vitello finché non avesse nutrito Sudhamani! Sugunanandan cercò parecchie volte di allontanarla, tirandole la coda e rovesciandole addosso dei secchi d'acqua, ma per quanto facesse, la mucca non si spostava dall'ingresso del tempio.

A volte qualcuno portava del latte dalle case vicine, ma non era latte puro, era allungato con acqua. Quando Sudhamani beveva il latte adulterato, lo vomitava, e anche la persona che lo aveva portato veniva colpita da qualche disagio. Per questa ragione Sudhamani decise di mangiare e bere solo ciò che le avrebbe fornito Dio.

In questo periodo si verificò un altro fatto straordinario. Ratnadasan, lo zio di Sudhamani che viveva nel villaggio di Bhandaraturuttu, a sei chilometri a sud di Parayakadavu, come al solito slegò le mucche dalla stalla per portarle in cortile dove le avrebbe nutrite e lavate. Improvvisamente una di esse scappò e cominciò a correre in direzione dell'oceano e quindi fece una rapida svolta verso nord. Correva a grande velocità mentre Ratnasadan si sforzava di raggiungerla. Arrivò infine al villaggio di Sudhamani, dove non era mai stata prima, e corse direttamente a Idamannel. Andò diritta verso il luogo in cui Sudhamani era seduta in meditazione e cominciò ad annusarla e a leccarla, come per esprimere il suo amore ad un vecchio amico. Poiché Sudhamani rimaneva ancora profondamente immersa in se stessa, la mucca le si sdraiò vicino guardandola intensamente, come se aspettasse che finisse la meditazione. Dopo un po' Sudhamani aprì gli occhi e notando la mucca che ricordava vagamente, le andò vicino. Per tutta risposta, la mucca sollevò una delle zampe posteriori come invito a bere il suo latte. Sudhamani bevve a sazietà mentre lo zio guardava incredulo la scena scuotendo il capo.

Quale misterioso potere aveva spinto la mucca a far visita a Sudhamani? Sebbene anni prima, durante il suo breve soggiorno a casa della nonna avesse accudito a quella mucca, può questo spiegare il comportamento senza precedenti dell'animale?

A volte, quando Sudhamani sedeva all'aperto in meditazione, venivano dei serpenti e le si avvolgevano intorno al corpo, come per riportarla alla consapevolezza del mondo esteriore. Un giorno, a causa dei maltrattamenti subiti in famiglia, Sudhamani se n'era andata da Idamannel. Una donna che abitava nei paraggi la incontrò mentre camminava, la consolò e la invitò a casa sua. Sudhamani entrò nella stanza della puja e si rivolse con tutto il cuore alla Madre Divina. Fu allora che compose il seguente canto:

Manasa vacha

Con pensiero, parole e azioni
Ti ricordo incessantemente.
Perché allora ritardi nel mostrarmi
La tua misericordia, amata Madre?

Gli anni sono passati
Ma ancora la mia mente non ha pace.
Cara Madre, concedimi un po' di sollievo…

La mia mente ondeggia come una barca
In mezzo alla tempesta.
Madre, dona un po' di pace alla mia mente
Affinché io non impazzisca…
Sono stanca, Madre; è insopportabile.
Non voglio una vita così.
Non sopporto le tue prove.
Madre, non riesco a sostenerle!

Sono una povera miserabile.
Non ho nessuno tranne Te, Madre.
Ti prego, poni fine alle tue prove,
Tendimi la mano e sollevami…

Improvvisamente fu sopraffatta da un attacco di follia divina. Piangendo e rotolandosi a terra incominciò a strapparsi i vestiti e un attimo dopo rideva senza controllo, continuando a rotolarsi. La famiglia la guardava preoccupata e stupita, senza sapere come calmarla. In quel momento apparve sulla soglia un grosso serpente che strisciò sul corpo di Sudhamani. La famiglia rimase atterrita a guardare il serpente che con la sua lingua guizzante leccava il viso di Sudhamani ancora priva di sensi. La cosa andò avanti per alcuni minuti ed ebbe immediatamente un effetto calmante su Sudhamani. Mentre la sua mente ritornava al piano di coscienza ordinario, il serpente scivolò giù dal suo corpo e scomparve. Alla famiglia sembrò che il serpente conoscesse l'esatto rimedio per riportare Sudhamani alla consapevolezza esterna e che si fosse preso cura alla perfezione di lei.

Ogni persona in visita ad Idamannel notava che lì vivevano molti tipi di uccelli. Fra tutti, Sudhamani amava particolarmente i pappagalli perché erano cari alla Devi. A volte, mentre pregava: "O Madre, non vuoi venire vicino a me?", uno stormo di pappagallini volava da lei posandosi al suolo lì vicino. Un giorno un devoto le portò un pappagallo; Sudhamani non lo mise mai in gabbia e lo lasciò libero, ma lui scelse di starle vicino. Una volta Sudhamani stava pensando: "Oh, che mondo terribile e crudele! Non si trova neanche un granello di verità o di rettitudine. La gente è disonesta e il mondo è pieno di peccatori. Sembra che non ci sia nessuno a mostrare il sentiero giusto all'umanità". Con le lacrime che le rigavano il viso, rimase a lungo in uno stato introspettivo. Poi, tutt'a un tratto si accorse che il pappagallo era di fronte a lei e che anche lui piangeva, come se soffrisse per qualcosa. La sua intensa agonia aveva commosso anche l'uccello.

Oltre al pappagallo, c'erano anche due piccioni che le tenevano compagnia. Ogni volta che cantava alla Madre Divina, i tre uccelli saltellavano davanti a lei danzando gioiosamente e allargando le ali.

Da un grande albero della proprietà di Idamannel, un giorno cadde un nido d'aquila[1] e due aquilotti furono sbalzati fuori, confusi e vulnerabili. Alcuni ragazzi dispettosi cominciarono a lanciarvi sassi cercando di ucciderli, ma Sudhamani li salvò. Li nutrì e li accudì con cura per alcune settimane finché furono in grado di volare, quindi li lasciò liberi. Questi due Garuda arrivavano sempre all'inizio di ogni Krishna Bhava e stavano a lungo in cima al tempio. Erano una grande fonte di attrazione per i devoti, poiché l'uccello Garuda era il veicolo del Signore Vishnu. Il misterioso legame dei due uccelli con Sudhamani non solo aggiunse splendore al darshan, ma aumentò anche la fede dei devoti nella natura divina della piccola.

Durante il periodo della sadhana sulla Devi, ogni volta che Sudhamani perdeva la consapevolezza, piangendo per vedere la Madre Divina, questi due uccelli apparivano nel cielo per andarsi a posare accanto a lei, come per proteggerla. Alcune vicine di casa osservarono con meraviglia che i due uccelli, guardando l'angosciato volto di Sudhamani, piangevano insieme a lei.

Un giorno, dopo aver meditato, Sudhamani si sentì terribilmente affamata. Uno dei due Garuda volò subito verso l'oceano per far ritorno di lì a poco con un pesce nel becco. L'aquila fece cadere il pesce in grembo a Sudhamani che con gratitudine lo prese e se lo mangiò crudo. Quando Damayanti venne a sapere di questo fatto, incominciò ad aspettare che il Garuda facesse la sua offerta quotidiana. Appena l'uccello lasciava cadere il pesce, Damayanti lo afferrava per poterlo cucinare per la figlia. Durante il periodo della sadhana in cui voleva realizzare Krishna, Sudhamani aveva smesso di mangiare pesce, perché anche solo

---

[1] Questa varietà di aquila in India viene chiamata 'Garuda', come il veicolo del Signore Vishnu, di cui Krishna era un'incarnazione.

sentirne l'odore le dava la nausea, ma ora il pesce portato dal Garuda era cibo mandato da Dio e quindi lo mangiava volentieri. La pratica giornaliera del Garuda continuò per un po' di tempo.

Un altro animale a lei molto caro era un gatto, che entrava nel tempio durante il Bhava darshan e girava attorno a Sudhamani come per fare una *pradakshina*[2]. Poi sedeva a lungo accanto a lei con gli occhi chiusi ed ai devoti sembrava che meditasse. Una volta qualcuno cercò di liberarsi del gatto portandolo al di là del fiume, ma il giorno dopo era di nuovo accanto a Sudhamani.

Un altro amico fedele era un cane bianco e nero. Quando Sudhamani piangeva per la Devi fino a perdere i sensi mentre pregava, il cane si strofinava contro di lei e le leccava la faccia, le braccia e le gambe per rianimarla. Quando sembrava che Sudhamani uscisse dalla proprietà di Idamannel, il cane la tirava per la gonna e abbaiava in segno di protesta per impedirglielo. Spesso le portava un pacchetto di cibo tenendolo in bocca e posandolo di fronte a lei. Il cane non mangiava nemmeno un chicco del riso che le portava come offerta. Di notte dormiva accanto a lei che spesso lo usava come cuscino quando si sdraiava a fissare il cielo.

Una notte la piccola stava meditando seduta sulla riva delle backwaters. Era entrata in samadhi e una fitta coltre di zanzare le copriva il corpo. Sugunanandan la chiamò ma non ebbe risposta. Quando cominciò a scuoterla, si accorse che era diventata leggera come un ramoscello. "Il suo corpo sembrava senza vita, ma avendola trovata altre volte in quello stato, non me ne preoccupai", spiegò più tardi Sugunanandan. Mentre sedeva vicino alla figlia, apparve il cane bianco e nero, abbaiando furiosamente. Nel giro di pochi minuti Sudhamani aprì gli occhi e tornò alla consapevolezza normale. Gli animali riuscivano meglio degli uomini ad attirare l'attenzione di Sudhamani quando era rapita in un'altra dimensione.

---

[2] Circumambulazione in senso orario di un oggetto o luogo sacro.

A volte l'intenso amore del cane faceva pensare a Sudhamani che esso fosse la Madre Divina stessa. Dimenticando ogni cosa, abbracciava e baciava il cane chiamandolo forte: "Madre mia, Madre mia…!". Un giorno, mentre stava meditando, Sudhamani si sentì estremamente agitata. Si alzò e si incamminò a passo spedito verso il villaggio. Il cane pezzato era caduto in mano ad un accalappiacani; urlava e guaiva penosamente, incapace di fuggire. Mentre l'uomo cercava di trascinarlo via, alcune ragazze del villaggio, amiche e ammiratrici di Sudhamani, riconobbero il cane e chiesero all'accalappiacani di liberarlo, offrendogli perfino una ricompensa. In quel momento arrivò Sudhamani; il cane la guardò pietosamente e cominciò a piangere. Ciò fu troppo anche per l'accalappiacani: non ebbe altra scelta se non lasciarlo libero.

Anche una cagnetta del vicinato provava intenso amore per Sudhamani. Un giorno, durante la gravidanza, la cagnetta si avvicinò ad un lato del tempio e se ne stette ad aspettare. Quando Sudhamani uscì, dopo la meditazione, la trovò sotto il portico del tempio. La cagnetta non entrò, ma appoggiò le zampe anteriori sulla soglia del tempio e si mise a mugolare in un modo particolare, come se stesse soffrendo. Sudhamani l'abbracciò e la baciò chiedendo: "Cosa c'è, figlia, cos'è successo?". Poco dopo la cagnetta scese dal portico del tempio, si sdraiò sulla sabbia ed esalò l'ultimo respiro.

Ogni volta che qualcuno si prostrava davanti a Sudhamani, il cane bianco e nero allungava le zampe anteriori e si inchinava a sua volta. Quando lei danzava nella beatitudine della devozione, il cane le saltellava attorno come se fosse partecipe della sua danza estatica. E quando veniva suonata la conchiglia sacra durante l'adorazione serale, il cane ululava in un modo particolare, imitando il suono prodotto dalla conchiglia.

Un giorno Sudhamani ebbe la netta sensazione che questo suo amico sarebbe morto affetto dalla rabbia. Poco dopo, come lei aveva predetto, l'animale contrasse la rabbia e morì, sebbene senza troppa sofferenza. Quando chiesero a Sudhamani se fosse dispiaciuta d'aver perso il leale compagno, lei disse: "Non sono affatto triste per la sua morte. Anche se è morto, verrà da me. Quindi, perché dovrei essere triste?". Più tardi disse che l'anima del cane si era reincarnata vicino a Idamannel, ma non rivelò ulteriori dettagli.

A proposito di una capra che aveva provato grande amore per lei, un giorno Sudhamani raccontò: "A causa di una malattia alle mammelle, la capra era in punto di morte. Vedendo la sua agonia, mi sedetti vicino a lei, raccolta in preghiera e meditazione. Quando aprii gli occhi, vidi il povero animale avvicinarsi a me trascinandosi sulle ginocchia. Appoggiandomi la testa in grembo, morì quietamente, guardandomi in viso. Il suo amore era veramente puro".

Alcuni anni più tardi, ricordando tutti questi episodi Sudhamani disse: "Che giorni beati. Stranamente quegli animali percepivano i miei sentimenti e si comportavano di conseguenza. Se piangevo, si univano a me nel pianto. Se cantavo, danzavano davanti a me. Quando perdevo la coscienza esterna, mi strisciavano sul corpo. Negli esseri umani si possono scoprire tutte le caratteristiche dei vari animali. Quando ci si libera da ogni attaccamento ed avversione e si raggiunge una visione equanime, perfino gli animali feroci diventano mansueti in nostra presenza".

Capitolo 8

Abbagliante come un milione di soli

"Sorridendo, la Madre Divina divenne un meraviglioso splendore e si fuse in me. La mia mente sbocciò, immersa nella luce multicolore del Divino, e affiorarono in me gli eventi di milioni di anni passati. Da allora, non vedendo nulla di separato da me ed essendo diventata una cosa sola con la Madre Universale di beatitudine, ho abbandonato l'idea che esista una felicità distinta dal Sé".

Sri Mata Amritanandamayi

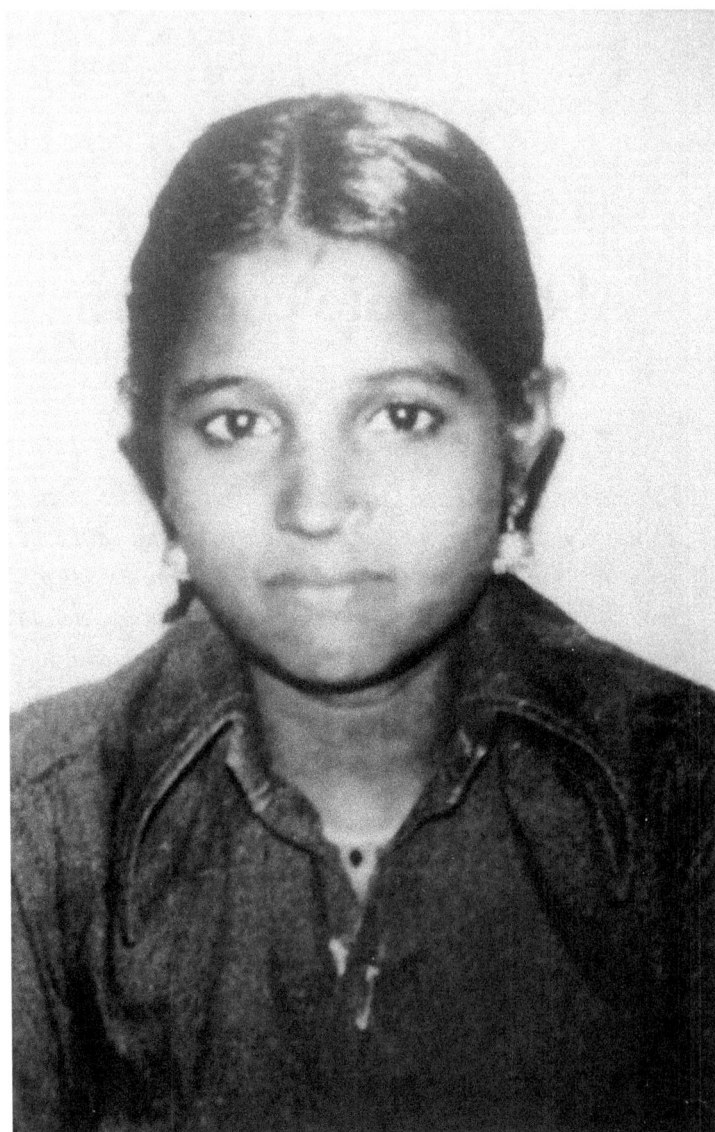

Driśā drāghīyasā dara dalita nīlotpala rucā
davīyamsam dīnam snapaya kripayā mām api shive
Anenāyam dhanyo bhavati na ca te hānir
iyatāvane vā harmlye vā sama kara nipāto himakaraha

"O sposa di Shiva! Possa Tu con benevolenza dirigere anche su di me, indifeso a grande distanza, il tuo sguardo che raggiunge ogni dove, meraviglioso come il giglio blu appena sbocciato. Da ciò questo mortale ricaverà il bene più grande dell'esistenza. La luna dai nivei raggi diffonde la stessa luminosità sia sulla foresta che su un palazzo.

Saundarya Lahari, verso 57

Riponendo fede assoluta nella Madre Divina, Sudhamani nuotava nell'oceano dell'amore immortale. Per lei, l'intera atmosfera sopra, sotto, a destra e a sinistra, era impregnata della sua divina presenza. La brezza era l'amorevole carezza della Madre. Gli alberi, le piante rampicanti e i fiori erano tutti Devi, e quindi meritevoli dell'adorazione indifferenziata di Sudhamani. Guardando il cielo, vedendo ciò che a noi non è dato di vedere, la piccola era sopraffatta da incontrollabili attacchi di pianto e di risa che si placavano solo quando cadeva inconscia sulla sabbia. Le preghiere imploranti di questa orfana alla sua evanescente Madre echeggiavano nell'aria di Idamannel giorno e notte. Fu a questo livello di realizzazione, vedendo tutta la Natura come manifestazione della Madre Divina, che scrisse il seguente canto:

Shrishtiyum niye

Creato e Creatore sei Tu,
Sei Energia e Verità...
O Devi, O Devi, O Devi!

Creatrice del cosmo sei Tu,
Sei l'inizio e la fine.

L'Essenza dell'anima individuale sei Tu,
E sei anche i cinque elementi.

Accudita per la maggior parte dall'oramai familiare clan di animali, Sudhamani né dormiva né mangiava. Non entrava in contatto con altre persone a meno che non fossero loro ad avvicinarla per prime, e perfino un semplice compito come quello di lavarsi i denti era ignorato dalla sua mente che si elevava rapidamente. Quando mangiava, a volte si nutriva di foglie di tè usate, pezzi di vetro, ecc.; per lei non c'era differenza tra queste cose e del cibo delizioso. Come descrivere uno stato che la mente e l'intelletto sono incapaci di afferrare?

Non riusciva più a contenere l'agonia, e le sue preghiere si rivolgevano incessantemente alla Madre Divina:

"O Madre, il mio cuore è tormentato dal dolore della separazione! Perché il tuo cuore non si scioglie vedendo questo flusso interminabile di lacrime? Madre, molte Grandi Anime ti hanno adorata conseguendo così la tua Visione e unendosi a Te per l'eternità. Cara Madre! Ti prego, apri le porte del tuo cuore compassionevole a quest'umile serva! Mi sento soffocare come se stessi annegando. Se non vuoi venire da me, allora per favore poni fine alla mia vita. Che la spada con la quale tagli la testa del crudele e dell'ingiusto si abbatta anche sul mio capo. Che io sia almeno benedetta dal tocco della tua spada! Che senso ha mantenere questo inutile corpo che per me è un pesante fardello?".

L'angoscia di Sudhamani raggiunse il culmine, le sue preghiere si esaurirono. Così ci descrive quei momenti: "Ogni poro del mio corpo si colmò di intenso desiderio, ogni atomo del mio corpo vibrò con il sacro mantra, tutto il mio essere irruppe verso la Madre Divina in un flusso torrenziale...".

In un'agonia indescrivibile gridò: "O Madre... ecco tua figlia che sta per annegare in un'atroce disperazione... il cuore mi si sta spezzando... le gambe vacillano... sono in preda alle convulsioni come un pesce gettato sulla spiaggia... O Madre... non sei gentile con me... non mi rimane altro da offrirti eccetto l'ultimo mio respiro...".

La voce le si spezzò. Il respiro si fermò completamente e Sudhamani cadde inconscia. La volontà della Madre designò il momento. La divina Incantatrice dell'universo, l'Onniscien-te, l'Onnipresente, l'Essere Onnipotente, l'Antica, la Creatrice primordiale, la Madre Divina apparve di fronte a Sudhamani in forma vivente, splendente come milioni di soli. Il cuore di Sudhamani straripò in un'onda oceanica di amore e beatitudine indicibili. La Madre Divina sorrise benevolmente e, diventando puro splendore, si fuse in Sudhamani.

L'evento divino è mirabilmente descritto nella composizione di Sudhamani "Ananda vidhi" o "Il sentiero della beatitudine", nella quale lei cerca di rendere intelligibile un'unione mistica che trascende le parole.

Ananda vidhi

Ci fu un tempo in cui la mia mente danzava
Deliziata sul sentiero della beatitudine.
Allora, tutti i nemici interiori, come
attrazione e avversione, fuggirono nascondendosi nei più
remoti recessi della mia mente.

Dimenticando me stessa, mi fusi in un sogno dorato che sorse
dentro di me.
Mentre nobili aspirazioni si manifestavano con chiarezza
nella mia mente, la Madre Divina, con mani splendenti e

*gentili, mi accarezzò la testa. A capo chino dissi alla Madre
che la mia vita era dedicata a Lei.*

*Sorridendo, la Madre Divina divenne un meraviglioso
splendore e si fuse in me.*

*La mia mente sbocciò, immersa nella luce multicolore del
Divino, e affiorarono in me gli eventi di milioni di anni
passati.*

*Da allora, non vedendo nulla di separato da me, ed
essendo diventata una cosa sola con la Madre Universale di
beatitudine, ho abbandonato l'idea che esista una felicità
distinta dal Sé.*

*La Madre mi disse di chiedere alle persone
Di portare a compimento la loro vita umana.
Perciò, proclamo al mondo intero
La sublime verità da Lei pronunciata:
"O uomo, fonditi nel tuo Sé!".*

*Migliaia e migliaia di yogi sono nati in India e
hanno vissuto i princìpi visualizzati dai grandi Saggi dello
sconosciuto passato.
Per rimuovere il dolore dell'umanità, quante verità pure e
semplici esistono!
Oggi fremo di beatitudine ricordando le parole della Madre:
"O mia cara, vieni a Me,
Lasciando ogni altra cosa.
Tu sei eternamente mia".*

*O pura Coscienza, incarnazione della verità,
seguirò le tue parole.
Madre, perché tardi a venire?
Perché mi hai dato questa nascita?*

Non so nulla, Madre,
ti prego, perdona i miei errori.

A questo punto Sudhamani sviluppò una forte avversione verso il mondo visibile. Scavava delle grandi buche nelle quali si nascondeva per sfuggire al mondo e alle persone mondane. Passava i giorni e le notti gioendo della beatitudine perenne della realizzazione di Dio ed evitando qualunque compagnia umana. Se prima la consideravano pazza, adesso erano completamente convinti della sua follia. Chi poteva comprendere lo stato di coscienza nel quale era stabilita Sudhamani? Benché interiormente avesse varcato la soglia dell'Assoluto, esteriormente era la stessa folle Sudhamani che, secondo la famiglia e gli abitanti del villaggio, veniva posseduta tre notti a settimana da Krishna. L'unico cambiamento esterno, se lo avevano notato, era che invece di rotolarsi sulla sabbia, ora scavava delle grandi buche.

L'avvento del Devi Bhava

Un giorno Sudhamani udì una voce interiore che diceva: "Figlia mia, io dimoro nel cuore di tutti gli esseri e non in un posto speciale. Lo scopo della tua vita non è solo gioire della beatitudine del Sé, ma confortare l'umanità sofferente. D'ora in poi adorami nel cuore di tutti gli esseri e allevia le sofferenze della loro esistenza terrena...".

Fu dopo questa chiamata interiore che Sudhamani cominciò a manifestare il Devi Bhava oltre al Krishna Bhava. In quei momenti rivelava la sua unità con la Madre Divina, anche se i devoti credevano semplicemente che oltre a Krishna venisse adesso posseduta anche dalla Devi. Gli avvenimenti che seguono narrano l'avvento del Devi Bhava.

Erano trascorsi solo sei mesi dall'inizio del Krishna Bhava darshan e si avvicinava la fine del 1975. Una sera, durante il

Krishna Bhava, mentre i devoti entravano nel tempio uno dopo l'altro, un avvenimento inaspettato cambiò completamente l'atmosfera.

Come al solito, un gruppo di devoti stava cantando dei bhajan sulla veranda del tempio. Sudhamani manifestava la propria identificazione con l'aspetto del Supremo chiamato Sri Krishna e riceveva i devoti. Un incantevole sorriso illuminava il suo volto gioioso ed i devoti si deliziavano alla presenza divina. Ad un tratto, un devoto entrò nel piccolo tempio in preda alla disperazione. Era stato molestato duramente da uno degli antagonisti[1]. Incapace di sopportare le brucianti offese, scoppiò in lacrime e chiese a Krishna di trovare un rimedio alla situazione.

All'improvviso, il grazioso sorriso di Sudhamani svanì. Il suo viso mutò e divenne terribile a guardarsi. Gli occhi sembravano due palle di ferro ardenti. Accese d'ira, parevano sputare fiamme. Le sue dita assunsero il *Devi mudra*[2]. Tutti i presenti, dentro e fuori dal tempio, furono turbati nell'udire una tremenda risata proveniente da lei. In vita loro non avevano mai udito nulla di simile. Vedendo il repentino cambiamento in Sudhamani, le persone che si trovavano nel tempio cominciarono a tremare di paura. Alcuni eruditi iniziarono a cantare ad alta voce mantra di pace e bhajan in lode alla Madre Divina, mentre altri eseguivano la cerimonia dell'*Arati*[3]. Dopo molte preghiere e mantra, Sudhamani si calmò, ma il Bhava si era trasformato da quello di Krishna in quello della Devi.

Sudhamani più tardi disse: "Vedendo la disperazione di quel devoto, sentii l'impulso di distruggere tutti gli iniqui che

---

[1] I miscredenti erano ancora all'opera e si appostavano lungo la strada per deridere i devoti di passaggio. Non erano solo gli abitanti del villaggio ad agire in questo modo, ma anche il padre e il fratello di Sudhamani, che cercavano di scoraggiare i devoti dal rimanere fino alla fine del darshan.

[2] Gesto associato alla Madre Divina.

[3] Rito che consiste nel far oscillare canfora ardente di fronte alla Divinità.

persistevano nel ridicolizzare i devoti. Spontaneamente, per offrire rifugio agli oppressi, si manifestò la Devi dalla natura feroce (*Kali*)". Da quel momento, Amma[4], come la chiameremo d'ora in avanti, oltre al Krishna Bhava diede regolarmente il darshan ai devoti come Devi.

Amma era l'incarnazione dell'amore universale. Quelle virtù evidenti in lei fin dalla fanciullezza, come l'impulso ad amare, aiutare e servire le persone, si rivelarono pienamente. Amma accettava il materialista e lo spirituale, l'analfabeta e l'istruito, il ricco e il povero, il malato e il sano con uguale tenerezza e compassione. Ascoltava pazientemente tutti i loro sfoghi e dava consigli adeguati alla natura e maturità di ognuno. Li guidava e li confortava nelle difficoltà, a seconda dei loro bisogni.

Dopo l'avvento del Devi Bhava, in Amma ci furono dei cambiamenti. Durante la sua pratica spirituale per conseguire la visione della Devi, era di temperamento generalmente solitario e poco comunicativo. Dedicava tutto il tempo alla preghiera e alla meditazione sulla forma della Madre Divina. Se i genitori o il fratello la maltrattavano fisicamente o verbalmente, rimaneva in silenzio. A questo punto diventò più audace e perfino l'espressione del suo viso cambiò. Divenne indomita e inflessibile discutendo con i genitori o il fratello del Bhava darshan e del proprio legame con i devoti. Incominciò a trascorrere più tempo con i devoti e ad istruirli spiritualmente. Questo segnò l'inizio della missione spirituale di Amma.

Il mio Sé senza forma

"Da quel giorno in poi[5] non vidi più nulla come diverso dal mio Sé senza forma, in cui l'intero universo esiste come una minuscola bolla...".

---

[4] "Madre" in malayalam.
[5] Riferendosi alla sua esperienza con la Madre Divina.

141

Con questa concisa espressione, Amma ci comunica la profondità della sua illuminazione. Sebbene fosse stabilita nello stato supremo della realizzazione di Dio, Amma praticò ancora la sadhana per dimostrare che tutte le varie forme di dèi e dee sono aspetti della stessa Realtà non-duale. Avendo raggiunto il perfetto controllo sulla mente, trovò che poteva identificarsi con qualsiasi aspetto del Divino scegliesse. Amma ha raccontato diverse esperienze avute durante la sadhana: "Un giorno, alla fine della meditazione sentii che mi stava spuntando un grosso canino. Contemporaneamente udii un ronzio assordante e percepii la forma della Devi con enormi denti canini, la lingua lunga protesa, capelli neri fitti e ondulati, occhi arrossati e carnagione blu scuro[6]. Allora pensai: 'Presto! Scappa! La Devi sta venendo a ucciderti!'. Stavo per fuggire ma all'improvviso mi resi conto che io stessa ero la Devi. Anche il ronzio era prodotto da me. Un attimo dopo mi accorsi di avere tra le mani la vina della Devi. Avevo la sua corona sul capo e portavo al naso l'orecchino della Madre. Dopo un paio di minuti pensai: 'Cosa succede? Come ho fatto a diventare la Devi? Forse è un trucco della Madre Divina per ostacolare la mia sadhana'. Così pensai: 'Potrei meditare su Shiva e vedere cosa succede'. Ma nel momento in cui cominciai a meditare sulla forma del Signore Shiva, divenni Lui, con i capelli intrecciati, i serpenti al collo e sulle braccia. Pensai: 'Forse anche Shiva mi sta mettendo alla prova'. Così smisi di meditare sulla sua forma e fissai il cuore e l'anima sul Signore Ganesha. Immediatamente mi trasformai in Ganesha, con la testa di elefante, una lunga proboscide, due zanne di cui una spezzata, e così via. Qualunque forma di divinità contemplassi, ne assumevo le caratteristiche. Allora udii una voce interiore: 'Tu non sei diversa da loro. Si sono tutti fusi in te molto tempo fa. Perché invocare tutte queste divinità?'".

---

[6] Descrizione di Kali, una forma della Devi.

Da allora la meditazione di Amma su un Dio con forma cessò naturalmente. Da dentro di lei scaturì l'onnipresente e sacra sillaba 'Om' e tutto il suo essere si fuse per sempre in Quello. Per dare l'esempio, continuò comunque a meditare. Quando gliene chiesero la ragione, Amma disse: "Durante la meditazione, Amma va vicino a tutti i figli, specialmente a coloro che pensano a lei intensamente o che stanno soffrendo".

Un fatto analogo si narra nel grande poema epico *Srimad Bhagavatam*. Un giorno, quando il famoso saggio Narada visitò Dwaraka, la dimora di Sri Krishna, trovò il Signore seduto in profonda meditazione. Narada si inchinò con reverenza e gli chiese: "Signore, su chi stai meditando?". Krishna sorridendo rispose: "Medito sui miei devoti".

Sebbene agli occhi di molti la piccola fosse diventata "Madre", per la sua famiglia continuava a rimanere Sudhamani. Il suo dimorare nel Sé supremo era troppo sottile da comprendere per i genitori e il fratello maggiore, che continuavano a dubitare e a interpretare il suo comportamento come schizofrenia. Avevano paura che il suo contatto con i devoti la facesse deviare dal sentiero della moralità e che quindi fosse causa di cattiva reputazione per la famiglia. Il comportamento del fratello maggiore nei suoi confronti continuava a peggiorare e diventò violento. Un giorno Subhagan e alcuni suoi cugini, con una scusa, chiamarono Amma in casa di un parente. Quando arrivò la rinchiusero in una stanza e uno di loro la minacciò con un lungo coltello che aveva nascosto nella camicia. Subhagan annunciò: "Questo tuo modo di fare si è spinto troppo avanti! Stai macchiando il buon nome della famiglia. Dato che non smetti di mischiarti con persone di tutti i tipi e insisti a cantare e danzare, è meglio che tu muoia". Si infuriò nel sentire Amma che ridendo rispose: "Non ho affatto paura di morire. Prima o poi il corpo incontrerà la sua fine, ma non potete uccidere il Sé. Visto che siete determinati a porre fine alla mia esistenza fisica, esprimerò un ultimo desiderio. Siete tenuti ad esaudirlo. Lasciatemi meditare per un momento e poi potrete uccidermi mentre sono in meditazione".

Sentendo la sua risposta audace, essi si infuriarono ancora di più e uno esclamò: "Chi sei tu per darci degli ordini? Decidi tu se dobbiamo ucciderti o meno?". Amma sorrise e rispose arditamente: "Nessuno tranne Dio può mettere fine alla mia vita!". Uno dei cugini gridò: "Dio! Chi è il tuo Dio?". Benché la stessero minacciando, dopo aver udito la sua coraggiosa risposta e aver constatato la sua imperturbabilità, nessuno di loro aveva abbastanza coraggio da agire. Improvvisamente il cugino che aveva estratto il coltello fece un balzo in avanti e le puntò il coltello al petto. Ma non poté più muoversi perché fu immediatamente colpito da un dolore tremendo al proprio petto, nel punto esatto dove aveva premuto il coltello contro Amma, e cadde a terra agonizzante. Vedendo questo, gli altri furono presi dal terrore. In quel mentre arrivò Damayanti, che aveva visto Sudhamani allontanarsi con Subhagan e i cugini. Udendo il chiasso, si mise a picchiare alla porta finché l'aprirono. Rapidamente prese Amma per mano e la condusse a casa passando lungo la spiaggia. Tornando a Idamannel, Amma disse a Damayanti: "Vi sto disonorando tutti. Questo oceano è anch'egli mia Madre e sarà lieto di accettarmi a braccia aperte. Vado tra le sue braccia". Udendo queste parole, Damayanti cominciò ad urlare: "Non parlare così, figlia! Durante il Krishna Bhava, il Signore mi ha detto che se ti fossi uccisa tutti i miei figli sarebbero impazziti…". Riuscì così a dissuadere Amma e fecero ritorno a Idamannel.

La vicenda non termina qui. Il cugino che aveva cercato di pugnalare Amma fu ricoverato in ospedale. Nonostante le eccellenti cure mediche, alla fine morì, vomitando sangue. Amma andò a trovarlo in ospedale nel momento critico della malattia; lo consolò amorevolmente e lo nutrì con le proprie mani. Egli era profondamente pentito per il grave sbaglio commesso, e scoppiò in lacrime di fronte alla compassione e al perdono di Amma.

Amma non si era vendicata, né provava alcuna ostilità verso il cugino che aveva cercato di ucciderla. Egli aveva semplicemente sofferto per i frutti delle proprie azioni. Amma spiegò: "Proprio come gli esseri umani provano amore per Amma, ci sono numerosi esseri sottili che la amano. Se qualcuno tenta di ferirla, lei non reagisce. Affronta tale persona senza agitarsi e non formula pensieri negativi nei confronti di chi agisce per ignoranza. Ma gli esseri sottili si arrabbiano e si vendicano. Supponete che una madre venga molestata da un uomo. Credete che i figli se ne stiano con le mani in mano? Anche se la madre cerca di impedirglielo, essi si vendicano".

Trascendendo le limitazioni dell'esistenza mondana, Amma riceveva i devoti senza fare distinzioni di casta, credo, classe o sesso. Agli occhi degli ignoranti, la visione equanime e la larghezza di vedute di Amma non erano che un evidente sintomo di aberrazione mentale. I miscredenti continuavano ad entrare nel tempio durante il Bhava darshan per stuzzicarla. Sebbene lei rimanesse calma e impassibile, Sugunanandan si deprimeva sempre di più ai loro commenti insolenti. Inoltre, nonostante i suoi tentativi per il matrimonio della figlia fossero falliti, non aveva ancora abbandonato del tutto quell'idea. Così cominciò a pensare, come riteneva Subhagan, che il Bhava darshan fosse una cosa vergognosa e, inoltre, un grande ostacolo alla realizzazione del suo desiderio di vedere la figlia sposata. Un altro fatto lo preoccupava: terminato il Bhava, il corpo della figlia diventava rigido come una pietra e solo dopo ore di massaggio energico ritornava normale.

Come Subhagan, anche Sugunanandan era determinato a porre fine in qualche modo al Bhava darshan. Durante il successivo Devi Bhava, Sugunanandan entrò nel tempio e disse alla Madre: "La Devi deve andarsene dal corpo della piccola. Non abbiamo più bisogno di questo Bhava darshan. Vogliamo darla in matrimonio. Rivoglio mia figlia!"[7].

Amma si rivolse a lui come ad un padre adottivo[8] e gli chiese: "Questa è tua figlia?". Egli si infuriò ancora di più e ribatté irosamente: "Sì! E' mia figlia. Gli dèi e le dee hanno forse padri adottivi? Rivoglio indietro mia figlia!".

Amma con calma rispose: "Se ti rendo tua figlia, non sarà altro che un cadavere e presto si decomporrà. Dovrai seppellirla, non sposarla". Ma Sugunanandan non voleva sentire ragioni e chiese: "Che la Devi torni da dove è venuta! Rivoglio mia figlia!".

Amma allora disse: "Se è così, eccoti tua figlia. Prendila!". Istantaneamente Amma cadde a terra. Nel giro di pochi minuti il suo corpo divenne rigido e il battito del cuore si arrestò. Sebbene gli occhi fossero spalancati, non c'era più segno di vita. Era morta.

Si levarono grandi gemiti. Tutti i presenti precipitarono nell'angoscia. Damayanti e le figlie svennero. Si sparse la notizia che la Devi aveva preso la vita di Sudhamani per un errore commesso da Sugunanandan. Tutti lo accusarono di essere la causa della morte prematura di Amma.

Furono accese delle lampade ad olio intorno al corpo. In quel momento perfino la Natura taceva. Alcuni devoti piangevano, altri balbettavano come idioti, altri ancora erano seduti solennemente vicino al corpo tenendo la mano vicino alle sue narici per cercare di captare qualche segno di respirazione. Niente. Un dottore le controllò il polso. Era morta. Fu un momento terribile.

Realizzando l'orrore della situazione causata dalla propria azione indiscriminata e incapace di sopportarne il peso, anche Sugunanandan svenne. Regnava un pesante silenzio. Pensando

---

[7] Ricordiamo che per la famiglia Amma veniva posseduta tre volte alla settimana da Krishna e dalla Devi, e il resto del tempo era una ragazza pazza.
[8] Fin dalla tenera età aveva considerato Dio come sua vera Madre e Padre, e tutti gli altri erano per lei madre e padre adottivi.

che fosse veramente successo l'impossibile, tutte le speranze di rianimarla erano svanite. Passarono così otto inquietanti ore. Riprendendo i sensi solo per ritrovare la situazione immutata, Sugunanandan gridò una preghiera alla Madre Divina: "O Devi! Ti supplico, perdona le parole che ho pronunciato per estrema ignoranza! Ti prego, riporta mia figlia in vita! Perdona il mio errore! Non mi comporterò mai più così!". Implorando e piangendo in modo incontrollabile, cadde a terra prosternandosi davanti al tempio.

Improvvisamente un devoto notò dei piccoli segni di movimento nel corpo della Madre e, mentre i devoti la osservavano, le loro lacrime di dolore si trasformarono in lacrime di gioia. Amma ritornò in vita, ma in Krishna Bhava! Rivolgendosi a Sugunanandan, che era un ardente devoto di Krishna, gli disse: "Senza Shakti[9] non ci può essere Krishna!".

Questo episodio provocò un grande cambiamento nell'atteggiamento di Sugunanandan verso Dio e sua figlia. Da quel momento le permise di fare tutto ciò che voleva e non tentò mai più di farla sposare. Più tardi, Amma commentò a proposito di questo avvenimento: "Era determinato a farsi restituire la figlia dalla Devi. Se lei fosse veramente stata loro figlia, avrebbero avuto anche il potere di riportarla in vita, ma ciò non potevano farlo. Al massimo è loro questo corpo. Quando chiese che gli fosse restituita la figlia, gli fu dato un corpo".

---

[9] L'aspetto femminile dell'Energia cosmica personificato dalla Devi.

Capitolo 9

La spada della verità

"Figli, un albero fa ombra anche a chi lo sta tagliando alle radici. Un aspirante spirituale dovrebbe essere così. Soltanto chi prega anche per il bene di chi lo tormenta può diventare una persona spirituale. L'arma più formidabile dell'aspirante spirituale è la spada della verità".

Sri Mata Amritanandamayi

Durvrtta vrtta samanam tava dēvi sīlam
rūpam tadhaitadavi cintyamatulya manyaih

Vīryam ca hantr hrtadēvaparākramānām
vairisvapi prākatitaiva dayā tvayēdham

*"O Devi, per natura Tu sottometti il comportamento del malvagio;
questa tua immacolata bellezza è inconcepibile per gli altri; il tuo
potere distrugge coloro che hanno derubato gli dèi del loro valore:
in questo modo Tu manifesti compassione persino verso i nemici".*

Devi Mahatmyam, capitolo 4, verso 21

Pare che tutte le Grandi Anime debbano sopportare la persecuzione delle menti mediocri. Tuttavia, sembrano prosperarvi,
perché ogni ostacolo sul sentiero ne aumenta la gloria. Le vite di
Sri Krishna, Sri Rama, Gesù e Buddha illustrano abbondante-
mente questa verità. Anche la vita di Amma ne è un magnifico
esempio. Erano passati tre anni: era il 1978. Il numero dei devoti
cresceva rapidamente e la gente veniva a Idamannel da ogni parte
dell'India per il darshan della Madre. Mentre gli ammiratori
crescevano, i miscredenti intensificavano la loro campagna, ma
nessun potere mondano era in grado di ostacolare la missione
spirituale di Amma.

In questo periodo, certi avvenimenti infausti fecero presagire
un'immanente catastrofe a Idamannel. Subhagan non era stato
per nulla scoraggiato dalle cattive conseguenze del tentativo di
assassinare a sangue freddo la sorella, e diventò sempre più arrogante ed ostile verso Amma. Cercò perfino di imporre le proprie
idee all'intera famiglia, che temeva di opporsi per via del suo
carattere volubile e irascibile. Il numero crescente dei devoti e le
continue calunnie dei razionalisti gli accesero nella mente il fuoco
dell'inquietudine. Cominciò ad avvicinare i devoti che venivano

151

per il Bhava darshan e ad insultarli pesantemente nella speranza di dissuaderli dal prendervi parte.

In questo momento critico, o per il fato o come risultato delle proprie azioni, Subhagan si ammalò di elefantiasi. I sintomi di questa terribile malattia gli apparvero sia sulle mani che sulle gambe. Si sottopose a diverse terapie ma nessuna si dimostrò efficace. Ossessionato dall'idea di essere diventato un malato terminale, diventò così depresso da sviluppare tendenze suicide. Molte volte espresse la propria angoscia mentale agli amici intimi. Non riusciva più a dormire e cominciò a prendere dei sonniferi. L'effetto cumulativo di questi problemi fisici e psicologici gli fece perdere gradualmente l'equilibrio mentale.

Un giorno Amma chiamò Damayanti e le disse: "Pare che la vita di Subhagan stia volgendo al termine. Per aiutarlo puoi fare un voto di silenzio, ma certi ostacoli cercheranno di farti rompere il voto. Perciò stai molto attenta quando decidi di fare il voto". Seguendo il consiglio di Amma, Damayanti osservò un voto di silenzio per ventiquattro ore, ma a metà giornata una mucca ruppe la corda con la quale era legata e scappò dalla stalla. Damayanti dimenticò completamente il voto e gridò: "Prendete la mucca! Prendetela!". La famiglia lo considerò un cattivo presagio, specialmente perché Damayanti era stata messa in guardia.

Un giorno Subhagan, in preda alla furia, aggredì una donna mussulmana che era venuta a Idamannel per il Bhava darshan. Incapace di sopportarne i pesanti commenti, la donna corse al tempio in lacrime e prese a battere la testa contro la soglia. Gridava: "O Madre… Madre… è questo il destino di chi viene da Te?".

Udendo il pianto disperato della donna, il viso radioso e sorridente della Madre subì una trasformazione repentina. Si alzò con un'aria terrificante tenendo un tridente in una mano e una spada nell'altra, e in tono solenne disse: "Chiunque abbia provocato una tale angoscia in questa devota morirà entro sette giorni".

Quando la predizione della Madre giunse alle orecchie di Sugunanandan, egli si affrettò al tempio a chiedere perdono per l'offensivo comportamento del figlio. Implorò Amma di risparmiare la vita di Subhagan e di prendere la propria. Amma disse con calma: "Io non punisco mai nessuno. Se vengo insultata o molestata non me ne curo affatto. Ma quando un devoto soffre per insulti simili, non lo perdonerà nemmeno Dio. Ognuno deve raccogliere i frutti delle sue azioni. Non c'è via di uscita".

Erano passati sette giorni. Si stava avvicinando la mezzanotte del 2 giugno 1978 quando Subhagan, che aveva saputo della predizione della Madre, si tolse la vita impiccandosi. Aveva lasciato scritto un biglietto nel quale attribuiva le ragioni del suo gesto allo stress insostenibile provocato dalla malattia incurabile. Il suicidio di Subhagan creò il caos e l'angoscia in casa Idamannel. I miscredenti colsero immediatamente l'occasione per rafforzare la loro campagna contro Amma. Cominciarono a diffondere delle versioni alterate sulla morte di Subhagan e accusarono Sugunanandan, che amava il primogenito più della propria vita, di aver ucciso Subhagan.

Ma, nonostante gli sforzi, non ebbero alcuna credibilità, poiché era fin troppo evidente che si trattava di un suicidio. Oltre al biglietto scritto di suo pugno, Subhagan aveva anche scritto lettere ad alcuni amici e parenti informandoli delle proprie intenzioni. Anche il referto del medico aveva dichiarato che la morte era avvenuta per suicidio, e quindi non fu intrapresa alcuna azione legale.

Questa morte causò un tumulto fra i parenti, che espressero apertamente il proprio risentimento troncando ogni rapporto e ignorando la famiglia come se non fosse mai esistita. Essi non furono più invitati alle funzioni pubbliche, alle feste, ai matrimoni o ai riti religiosi. Tutti i parenti li abbandonarono. Andavano a far visita alla casa vicina, ma non lanciavano nemmeno uno sguardo in direzione di Idamannel. Era un trattamento molto difficile da sopportare e appesantì notevolmente i loro cuori già provati. Sedici giorni dopo la morte del figlio, quando riprese il Bhava darshan, con cuore pesante Sugunanandan avvicinò Amma. Si lamentò perché non aveva salvato il fratello da una morte così orribile e scoppiò in lacrime. Consolandolo, Amma disse: "Non preoccuparti. Tra tre anni tuo figlio rinascerà come devoto in questa stessa casa". La figlia maggiore, Kasturi, si sposò un paio di anni dopo e quando rimase incinta, Amma chiamò il bambino 'Shiva' mentre era ancora nel grembo. Poiché Amma gli aveva dato un nome maschile, la famiglia era sicura che si trattasse di un maschio, cosa che in effetti si avverò. Dopo la sua nascita Amma disse: "Per tre anni dopo la morte, l'anima di Subhagan si è aggirata per l'atmosfera di questo *ashram*. Avendo ascoltato canti devozionali e mantra vedici, è rinato nelle vesti di 'Shiva' in questa stessa casa". Ora Shiva è un ragazzo intelligente. Fin dall'infanzia ha ripetuto la sacra sillaba 'Om' ed ha cominciato a sedersi in meditazione senza che nessuno lo avesse esortato a farlo.

Il ritorno dei razionalisti

Dopo l'inizio del Devi Bhava, i razionalisti si fecero più arroganti. Cominciarono ad usare i giornali per sviare le persone, facendo loro credere che Amma fosse pazza e il Bhava darshan una frode. Tuttavia, maggiori gli sforzi per diffamare Amma, maggiori erano anche i loro fallimenti. La loro persistenza era davvero da ammirare.

Una sera i miscredenti decisero di ritentare con la vecchia ma infruttuosa tattica di afferrare Amma durante il darshan per umiliarla e prendersi così gioco del potere divino. Due tra i più scalmanati del gruppo entrarono in scena completamente ubriachi e pronti a seminare il panico nel tempietto. Si unirono quindi alla fila dei devoti in attesa.

Amma era già seduta per il Devi Bhava e disse a qualche devoto seduto accanto a lei: "State a guardare, ora Amma ve ne farà vedere delle belle". Così dicendo guardò direttamente gli ubriachi con un sorriso incantevole. Essi intanto avevano raggiunto la soglia del tempio, ma il primo sembrava incapace di procedere, come fosse paralizzato. Non riusciva a fare un altro passo e restò lì irrigidito per un paio di minuti. Il suo complice, proprio dietro di lui, si infuriò e gli chiese in malo modo perché mai non si decidesse ad entrare. "Non vedi quante persone ci sono già dentro davanti a me!", gli rispose quest'ultimo. L'altro gridò: "Te ne stai lì in piedi come un pezzo di legno da un sacco di tempo! Sei stato forse ipnotizzato anche tu da quella ragazza?". Questo tagliente scambio verbale diede il via ad una violenta lite tra i due, che lasciarono Idamannel come già previsto dalla Madre.

Come abbiamo accennato in precedenza, in quel periodo alcuni devoti con famiglia invitavano Amma a casa loro per condurre l'adorazione e i canti devozionali. Quando venivano a sapere che Amma avrebbe fatto visita a una certa casa, i miscredenti vi si recavano anche loro. Una sera Amma si recò in una casa nel villaggio di Panmana, a circa venti chilometri da Parayakadavu. I membri di questa famiglia soffrivano da molto tempo di varie malattie fisiche e mentali per le quali non erano riusciti a trovare una soluzione. Avevano condotto varie puja per invocare l'aiuto di diverse divinità ma senza alcun risultato. Venuti a sapere di Amma, avevano preso parte al Bhava darshan e avevano chiesto il suo aiuto. La compassionevole Madre aveva acconsentito a recarsi a casa loro ed eseguire una puja speciale per eliminare le loro infermità.

Risultò che alcuni membri di quella famiglia non gradirono la cosa e si unirono ai miscredenti pronti per disturbare la cerimonia. Quella sera, durante la visita di Amma, uno dei membri della famiglia le disse con arroganza: "Vediamo, fatemi osservare questo rito. Guarderò con attenzione ogni cosa. Poi io intendo porre determinate domande". Allora Amma gli chiese: "Questo 'io' è una cosa limitata soltanto al tuo corpo? E' in tuo possesso?". Erano ormai le due del mattino e Amma stava preparando il necessario per la puja. La persona che aveva fatto quell'arrogante dichiarazione cadde in uno stato di incoscienza simile al sonno profondo, con grande sollievo degli altri membri della famiglia. Proprio alla fine della cerimonia egli si svegliò improvvisamente, balzò in piedi ed esclamò: "Oh, è finita l'adorazione? E' finita...?". Amma rispose: "Si, è finita. Hai detto che avresti guardato con attenzione. L'hai vista? Comprendi ora che quella cosa che chiamiamo 'io' non è sotto il nostro controllo? Mentre dormivi, dov'è andato il tuo 'io'?". L'uomo impallidì ed abbassò la testa senza dire una parola.

I miscredenti lì riuniti, però, non si lasciarono scoraggiare facilmente e cominciarono a porre ad Amma domande molto sgarbate e irrazionali. Lei rimase imperturbabile e di buon umor, ma il *brahmachari*[1] che era venuto ad assisterla nella puja ne ebbe abbastanza e le chiese: "Ti prego, mostra loro qualcosa che li zittisca, altrimenti non la smetteranno".

Dopo pochi minuti, dal vicino cimitero si alzò improvvisamente un'ardente palla di fuoco. Lingue di fuoco si propagavano da essa come se le danzassero intorno. Ora era il turno di Amma di porre una domanda agli attoniti disturbatori: "Perché i più coraggiosi tra voi non fanno una passeggiata fino al cimitero?". Nessuno di loro, ovviamente, accettò la sfida. Spaventati, indietreggiarono e se ne andarono.

Un altro episodio simile avvenne nel 1980 a casa di Srimati Indira, a Karunagapally, una città a circa dieci chilometri da Vallickavu[2]. Indira era un'ardente devota e aveva invitato Amma

---

[1] Aspirante spirituale che osserva il voto di celibato.
[2] Vallickavu è il villaggio dall'altra parte delle backwaters. A volte Amma viene chiamata "Vallickavu Amma".

a visitare la sua casa per santificarla. Come al solito, i razionalisti arrivarono puntuali. Vedendoli, i membri della famiglia si intimorirono, poiché la loro cattiva reputazione era ben conosciuta. Così pregarono Amma di disperdere il gruppo dei miscredenti. Amma si assorbì in meditazione. Nel giro di pochi secondi, fra lo stupore generale, apparve una brillante sfera circondata da molte luci splendenti che sembravano minuscole lampade. Questa sfera comparve nella parte nord della casa e cominciò a muoversi verso sud, passando attraverso la porta d'ingresso. I devoti, colmi di timore reverenziale, pronunciarono i nomi della Madre Divina. Lentamente la sfera si librò sempre più in alto e infine scomparve in lontananza ma solo dopo aver girato intorno al sacro albero *bilva*[3] che cresceva in cortile. Meravigliati e spaventati, i non credenti lasciarono la casa e non tornarono più a disturbare i bhajan della Madre. Anzi, dopo questo fatto, molti di loro divennero suoi devoti.

La magia nera fallisce

Vicino alla casa di cui abbiamo appena parlato, viveva uno stregone molto arrogante. Qualcuno gli aveva raccontato di una ragazza di Parayakadavu che veniva impossessata da Krishna e dalla Devi tre volte alla settimana e lui, che praticava la magia nera, si vantò che avrebbe posto rapidamente fine alla possessione. Descrisse perfino l'incantesimo che avrebbe usato: "Spezzerò in due la nervatura di una foglia di palma da cocco pronunciando certi potenti mantra e le divinità cesseranno immediatamente le possessioni", dichiarò. Così un giorno si recò a Idamannel. Per quanto si sforzasse, nessuno dei suoi incantesimi diede alcun risultato e dovette andarsene dopo aver assaggiato un po' del proprio ego. Tuttavia continuò le sue stregonerie contro Amma. Parecchie

---

[3] Albero sacro tradizionalmente caro a Shiva.

volte le mandò della cenere impregnata di mantra maligni, ma tutti i suoi tentativi fallirono. Non molto tempo dopo impazzì e divenne un mendicante di strada. Lo si udiva chiedere continuamente alle persone: "Datemi dieci *paisa*[4], datemi dieci paisa".

Ad Arikkal, un villaggio della stessa isola, viveva il sacerdote di un tempio, noto come stregone in grado di scacciare gli spiriti maligni e gli esseri sottili che si impossessavano di persone innocenti. Pare che una donna anziana con una forte avversione per Amma fosse andata segretamente da questo sacerdote. La sua intenzione era di persuaderlo a usare i suoi poteri per provocare la rovina della Madre e la fine dei Bhava Divini. A tal fine, scrisse su un foglio il nome di Amma e la sua stella natale e lo diede al sacerdote.

Quello stesso giorno, una devota della Madre fece un sogno nel quale Amma le apparve e le disse che l'indomani avrebbe dovuto andare a pregare in un particolare tempio. Il giorno seguente la devota andò a raccontarle il sogno e Amma disse: "Vai e poi torna qui. Così capirai il significato del sogno".

Avendo avuto il permesso di Amma, la donna si recò a quel tempio. Senza che lei lo sapesse, si trattava dello stesso tempio nel quale conduceva l'adorazione giornaliera il sacerdote al quale si era rivolta l'anziana donna. Dopo aver pregato nel tempio, la devota andò dal sacerdote per discutere alcune cose. Il sacerdote le dimostrò ospitalità offrendole la propria seggiola: "Venga, si sieda... si accomodi, prego...". Mentre si alzava, un pezzetto di carta cadde a terra davanti alla donna. Raccogliendolo, la donna vi lesse il nome e la stella natale di Amma e immediatamente afferrò l'importanza del foglio, del sacerdote-stregone e del sogno. Scoppiò a piangere dicendo: "Che cosa ha fatto? Ha fatto qualcosa contro la nostra Madre? Se è così, allora non possiamo più vivere." Il sacerdote spiegò: "No, no, non ho fatto niente. Una

---

[4] Cento paisa costituiscono una rupia.

donna anziana è venuta qui ieri, insistendo che avrei dovuto distruggere quel luogo. Purché se ne andasse, ho preso questo biglietto e l'ho tenuto qui".

Intuendo la sincerità del sacerdote, la donna si calmò e gli disse: "Ti prego, vieni a vedere tu stesso ciò che succede là, così capirai". Il sacerdote acconsentì e disse che presto sarebbe venuto a vedere di persona.

Come promesso, il sacerdote arrivò a Idamannel durante un Bhava darshan. Venendolo a sapere, una grossa folla di credenti e non credenti si riunì per assistere all'incontro dello stregone con Amma. Alcune persone dicevano: "Questo sacerdote è un grande mago. Metterà fine a tutto quello che succede qui". I devoti invece rispondevano con sicurezza: "Non farà proprio niente".

Il sacerdote era venuto con una donna anziana e le aveva dato da tenere un pacchetto di fiocchi di riso[5] mentre entrava nel tempio. Il sacerdote aveva già deciso che, se Amma gli avesse dimostrato di essere veramente divina, sarebbe diventato un suo devoto. Amma era in Krishna Bhava; gli diede una manciata di cenere sacra e gli chiese: "Non sei forse venuto a recitare questo mantra?". Così dicendo, pronunciò un mantra oscuro che conosceva solo lo sbalordito sacerdote. Amma continuò: "Non veneri Hanuman? Non ripetere mantra maligni con la stessa lingua che usi per pronunciare il suo nome". Il sacerdote rimase senza parole. Nessuno al mondo sapeva che la sua divinità prediletta era Hanuman. Amma gli aveva appena rivelato il più grande segreto della sua vita. Ma non era tutto: "Non hai chiesto ad una signora di rimanere lì fuori con un pacchetto di fiocchi di riso? Kuchela[6] andò da Sri Krishna con un'offerta di fiocchi di riso. Non sei venuto anche tu con la stessa offerta? Ma c'è una differenza. Kuchela offrì a Krishna il riso schiacciato della rinuncia e della

---

[5] Grani di riso schiacciati che sembrano fiocchi d'avena.
[6] Un ardente devoto di Krishna del quale si narra nello *Srimad Bhagavatam*.

verità. Anche se il riso era pieno di sabbia e sassolini, il Signore non li vide. Egli guardò e vide solo la devozione pura e il cuore aperto di Kuchela. Non c'erano né sassolini né sabbia. Era tutto ambrosia. E' per questo che il Signore lo mangiò. Perché ti sei fatto prestare il riso dal tuo vicino? Perché, dopo averne tolto la crusca, vi hai aggiunto sabbia e sassolini e lo hai portato qui?". Il sacerdote non poteva credere alle sue orecchie. Sentendosi dire dettagliatamente dalla Madre tutto quello che aveva fatto, scoppiò in lacrime. Con profondo rimorso chiese perdono per le sue cattive azioni e da quel giorno divenne un vero devoto di Amma.

Ulteriori tentativi del 'Comitato contro la fede cieca'

Il Comitato dei razionalisti ideò altri subdoli piani contro Amma. Al fine di porre termine al Bhava darshan, si rivolsero agli alti ufficiali di polizia e alle autorità governative. Le attività del Comitato portarono a molte investigazioni, sia pubbliche che segrete, ma il solo risultato fu che molti investigatori divennero devoti!

Una sera, durante il Devi Bhava, gli agitatori chiesero alla ragazza che stava cantando i bhajan di smettere, ma questa rispose: "No, continuo. Io ho fede in Amma". Da ciò nacque uno scambio verbale che culminò in una lite fra i devoti e i disturbatori, scacciati infine da Sugunanandan.

Dopo che se ne furono andati, Amma chiamò il padre e lo mise in guardia: "Sono andati a denunciarci. Io sarò l'accusata principale e tu il secondo. Va' immediatamente ad informare le autorità su come sono andate veramente le cose". Senza curarsi di quello che Amma gli stava dicendo, egli rispose: "Non lo faranno. La polizia non verrà". Amma insistette diverse volte ed infine Sugunanandan andò alla polizia. Scoprì così che la predizione della Madre era esatta ed espose il caso nei termini corretti.

"Noi non truffiamo nessuno. E' vero che mia figlia manifesta stati d'animo divini. Solo se veniste a vedere voi stessi capireste la verità. I devoti vengono e cantano dei bhajan. Non c'è niente di sospetto. L'acqua dell'acquedotto pubblico e la cenere acquistata ad Oachira sono quanto viene distribuito come *prasad*[7]. Non materializziamo fiori dal cielo; i fiori che offriamo vengono raccolti dagli alberi e dai cespugli, e non facciamo nessuna pubblicità. Le persone vengono dopo aver sentito le esperienze di altre che avevano già assistito al Bhava darshan. Inoltre, tutto questo avviene in casa mia. I miscredenti vengono a casa mia a litigare con me. Vi pare giusto? Perciò vi chiedo di proteggerci da loro!".

Ascoltate le parole di Sugunanandan e vista la sua sincerità, ai poliziotti non restò nulla da dire. La denuncia fu invalidata. I miscredenti erano furiosi e per ritorsione organizzarono un nuovo complotto contro Amma. A quei tempi, dopo aver rivelato la sua unità con la Devi, durante il Bhava darshan Amma usciva dal tempio e danzava in beatitudine. Una sera, i miscredenti arrivarono a Idamannel con un cesto pieno di spine velenose. Queste spine erano talmente aguzze e velenose che se anche una sola avesse trafitto il piede di qualcuno sarebbe stata sufficiente a fargli perdere i sensi.

Le spine furono affidate a un gruppetto di bambini, con l'istruzione di sparpagliarle dove solitamente Amma danzava. Ciò doveva essere fatto durante l'Arati, cosicché tutta l'attenzione sarebbe stata su Amma e non sui bambini. Questo fu esattamente quello che i bambini fecero. Quando Amma uscì dal tempio, disse ai devoti quello che era successo e li avvertì di non muoversi dal punto in cui si trovavano. Quindi cominciò la sua danza estatica impugnando la spada e il tridente con le mani alzate. La danza di Amma ispirava un timore reverenziale nei devoti, come se a danzare di fronte a loro fosse la Madre Kali in persona, la

---

[7] Offerta benedetta.

distruttrice del male. Amma stava danzando sulla veranda davanti al tempio quando improvvisamente con la spada tagliò le corde che sostenevano i quadri appesi al muro, che caddero a terra sparpagliando vetri rotti su tutta la veranda. Senza curarsene, lei continuò a danzare calpestando i pezzi di vetro come se fossero petali di fiori.

Coloro che erano venuti per fare del male alla Madre furono sbalorditi ma continuarono ad aspettare speranzosi di vederle sanguinare i piedi pieni di spine e di vederla cadere a terra per il dolore.

Amma scese dalla veranda e si diresse verso il luogo in cui erano disseminate le spine. Con la punta della spada tracciò una linea sul terreno e proibì a chiunque di oltrepassarla, dopo di che saltò al di là della linea e danzò a lungo calpestando le spine velenose. I miscredenti non potevano credere ai loro occhi; vedendo questa scena inquietante cominciarono ad innervosirsi e se ne andarono immediatamente.

Quando Sugunanandan si rese conto di ciò che stava accadendo, prese a correre qua e là in preda al terrore, preoccupato per i piedi di sua figlia. Arrivò con dei medicinali per curarle le ferite, ma con grande stupore non riuscì a trovare neanche un graffio.

Benché i cosiddetti razionalisti fossero testimoni di molti miracoli simili, non erano pronti a rinunciare alla loro invidia e inimicizia verso Amma. Per gli abitanti del villaggio e i devoti, gli eventi straordinari che si verificavano attorno alla Madre erano fonte di meraviglia. Ma lei, costantemente stabilita nella Realtà suprema, questi eventi erano un gioco da bambini. Quando qualche devoto veniva da lei rattristato dall'infinita serie di tormenti imposti alla loro amata Madre, lei diceva: "Figli, non c'è mondo senza dualità. Non dobbiamo lasciarci disturbare da queste cose. I devoti di Amma sono in tutto il mondo. Essi non saranno condizionati da queste cose".

Amma consigliava ai devoti e ai famigliari di essere calmi e pazienti. Essi seguirono implicitamente i suoi consigli e sopportarono in silenzio la pessima condotta dei razionalisti.

In un'altra occasione, alcuni giovani membri del movimento vennero a Idamannel con un'intenzione malvagia. Avevano deciso di imitare la danza di Amma durante il Bhava, pensando così di poter raggirare i devoti e ridere di lei.

Quando arrivarono, il darshan era già iniziato. Amma stava ricevendo amorevolmente i devoti ad uno ad uno; allo stesso tempo chiamò alcuni devoti e li informò dell'intenzione dei giovani di imitare la sua danza. Dopo aver proibito ai devoti di far loro del male e averli consigliati sul da farsi, li mandò fuori ad aspettare. Ad un certo punto, uno dei razionalisti iniziò a cercare di imitare alcuni gesti che Amma eseguiva durante i Bhava. I devoti gli si fecero intorno ed iniziarono a interrogarlo. Incapace di rispondere, si spaventò e comprese la serietà di quello che aveva fatto. Impaurito e lasciato solo dagli amici, cercò di scappare ma cadde nelle backwaters! Venne ripescato, ammonito per il suo sciocco comportamento e lasciato andare.

Non soddisfatti, i miscredenti ricorsero al più estremo dei piani. Pagarono un sicario affinché entrasse nel tempio e accoltellasse Amma durante il Bhava darshan. Con un coltello nascosto sotto i vestiti, l'uomo entrò nel tempio. Quando lo vide, Amma gli fece un benevolo sorriso e continuò a ricevere i devoti. Quel sorriso ebbe su di lui un effetto stranamente calmante. Ritornando in sé e realizzando la gravità di ciò che stava per fare, cadde ai piedi della Madre implorando il suo perdono. Quando lasciò il tempio era un altro uomo. Notando il cambiamento che si era verificato in lui, i complici gli chiesero se fosse stato anch'egli ipnotizzato da Amma. Lui sorrise semplicemente e da allora diventò un suo ardente devoto.

In quel periodo, Amma non poteva camminare per strada senza venire insultata da attaccabrighe maleducati. Si mettevano ad entrambi i lati della strada e la prendevano in giro in modo molto volgare. Incoraggiavano perfino i bambini del villaggio a fare altrettanto. Al mattino presto, si nascondevano dietro ad alberi e cespugli e le lanciavano perfino dei sassi. Questi ignoranti non ce l'avevano soltanto con Amma. Tutta la famiglia divenne oggetto di questo passatempo vergognoso. Appena vedevano un membro della famiglia, i miscredenti gridavano: "Ecco Krishna! Ecco Krishna!".

Se i razionalisti non avevano altri piani per la sera, entravano nel tempio e facevano false affermazioni sperando di smascherare Amma come truffatrice. Un uomo andò da lei dicendole di essere cieco. Ella immediatamente allungò il dito indice come per infilarglielo in un occhio e l'uomo fece prontamente un salto indietro gridando: "Oh!". Così Amma smascherò chi era venuto con l'intenzione di smascherare lei.

In un'altra occasione, un giovane disse ad Amma di avere un forte dolore al braccio. Si aspettava che credesse alle sue parole e gli massaggiasse il braccio, invece lei chiese ad un brahmachari lì vicino di massaggiare il braccio del giovane. Non appena il brahmachari lo toccò, quel tale provò una fitta acuta proprio nel punto che aveva descritto ad Amma. Incapace di sopportare il dolore, egli chiese perdono per la propria monelleria. Immancabilmente coloro che venivano per ingannare Amma finivano per essere smascherati.

"Il nemico di oggi è l'amico di domani"

Sugunanandan non ne poteva più di queste continue assurdità e cattive azioni dei razionalisti. Frustrato, durante un Devi Bhava disse alla Madre: "E' questo che Dio mi ha dato? La gente dice che sono l'assassino di mio figlio! Non posso attraversare il villaggio senza essere continuamente insultato. E' una situazione penosa. La Devi dovrebbe punire i malvagi!".

Amma replicò: "Aspetta e vedrai. Il nemico di oggi è l'amico di domani. Allora chi dovrei punire? Quelli che oggi ti si oppongono, domani verranno a sposare le tue figlie. Consolati pensando che tutto accade secondo la volontà di Dio. Uno dei tuoi figli se n'è andato, ma domani ne verranno a migliaia". Anche Damayanti era disperata per la morte del figlio. Amma le disse: "Non essere triste. In futuro molti figli verranno qui da ogni parte del mondo. Amali come se fossero tuoi".

Sebbene i giorni e le notti della Madre fossero dedicati a consolare e assistere i devoti, trovava il tempo per servire ed aiutare anche i famigliari, che stavano passando un momento difficile. Nonostante agli occhi della gente ordinaria fosse una giovane fanciulla, si occupava di migliaia di devoti e dei propri genitori senza deviare minimamente dal sentiero della verità e della rettitudine. Il suo atteggiamento verso i propri parenti e il modo in cui si occupava di loro era fonte di ispirazione per i devoti con famiglia. Amma era un impeccabile esempio di come si possa essere spirituali, e allo stesso tempo adempiere ai doveri di famiglia rimanendo distaccati e puri.

L'attività di Sugunanandan era il commercio del pesce, ma non essendo molto proficua alla fina la abbandonò, quando il Bhava darshan cominciò a far affluire a casa sua un gran numero di persone da tutto il paese. Inoltre, non poteva curare adeguatamente i propri affari a causa dell'opposizione degli abitanti del villaggio e di altri problemi in relazione al Bhava darshan. Era costretto a trascorrere tutto il tempo a Idamannel. Aveva poi ancora tre figlie da sposare, benché non sembrasse troppo preoccupato.

In questo momento critico, forse provato dagli eventi, all'inizio del 1979 Sugunanandan fu ricoverato e in seguito dovette essere operato. L'ospedale era a Kollam, a circa trentacinque chilometri. Poiché tutti i parenti erano ostili alla famiglia, non c'era nessuno che potesse dare una mano nelle faccende domestiche o occuparsi di Sugunanandan in ospedale. Kasturi lavorava lontano. Damayanti era a letto con dolori reumatici. I ragazzi erano troppo giovani o andavano a scuola, così tutto il peso ricadde sulle spalle della Madre.

Nei giorni di darshan, i devoti cominciavano ad arrivare all'una. Alle quattro Amma prendeva posto per i canti devozionali, seguiti dal Bhava darshan che a volte si protraeva fino alle otto del mattino successivo. Finché non erano stati ricevuti tutti, Amma non si muoveva dal suo posto nel tempio. Inoltre, consigliava gli aspiranti spirituali che venivano a cercare la sua guida. Dopo il darshan si occupava di tutte le faccende domestiche, proprio come aveva fatto per così tanti anni. Preparava i fratelli più giovani per la scuola e poi andava all'ospedale a Kollam per portare a suo padre il cibo e le cose che gli servivano. Si occupò amorevolmente di lui per tutto il tempo della malattia.

I miscredenti non si lasciavano sfuggire l'occasione; quando Amma attraversava il villaggio per recarsi a Kollam, la deridevano e le lanciavano pietre gridando: "Krishna, Krishna...". Sopportando in silenzio i loro insulti, lei pensava: "Almeno ripetono il nome del Signore". Una volta uno di loro cercò perfino di afferrarla, ma quando le si avvicinò, scivolò e cadde nella fogna a cielo aperto che fiancheggiava la strada.

Gradualmente, Sugunanandan riguadagnò la sua salute, ma poco dopo fu ricoverata Damayanti, seguita da Suresh. Per tutto questo tempo fu Amma ad occuparsi delle faccende domestiche e a servire i famigliari ricoverati.

Nell'atmosfera familiare prevalevano il caos e lo smarrimento ma Amma rimaneva in ogni situazione un solido pilastro di sostegno, sempre calma e compassionevole. Immaginate la situazione. Il tumulto creato dal suicidio di Subhagan, l'avversione dei parenti, l'antagonismo dei razionalisti, le migliaia di devoti che venivano per il Bhava darshan, tre figlie in casa da sposare. Non c'è da meravigliarsi che nessuno aspirasse ad unirsi in matrimonio a questa famiglia! Se arrivava qualcuno con una proposta di matrimonio da un luogo lontano, veniva scoraggiato da alcuni membri del villaggio ancor prima di raggiungere Idamannel. Diversi probabili fidanzati se ne erano già andati in gran fretta. Così Sugunanandan avvicinò ancora Amma e le disse: "A causa del Bhava darshan ho perso il mio onore. Non posso neanche mettere il naso fuori da Idamannel. Gli abitanti del villaggio e i parenti mi odiano e le mie figlie rimangono da sposare. Cosa devo fare?".

Amma rispose: "Non è il Bhava darshan la causa della tua sfortuna. Ogni cosa avviene secondo la volontà di Dio. A suo tempo tutto si sistemerà. Non devi preoccuparti". Sugunanandan questa volta non si lasciò consolare e gridò con rabbia: "Berrò del veleno e morirò!". A queste parole, Amma si rivolse ad un ritratto della Devi e chiese con gli occhi pieni di lacrime: "Madre compassionevole, devo portare soltanto dolore a questa gente?".

Non erano rare le occasioni nelle quali Amma decideva di abbandonare Idamannel, ma ogni volta i suoi tentativi venivano misteriosamente ostacolati. Sugunanandan confidò ancora Amma le proprie ansie e lei gli ripeté: "Non preoccuparti. Il matrimonio delle tue figlie è imminente".

Nel giro di un mese le sue parole si avverarono. Dalla famiglia più inaspettata giunse una proposta di matrimonio per Sugunamma. Era gente che detestava Amma, e lo sposo era uno dei capi del movimento razionalista. Ironicamente, ora che il matrimonio era stato fissato, Sugunanandan sparì, così tutta la responsabilità dei preparativi ricadde sulla Madre! Stabilita in uno stato di perfetta equanimità, sembrava che niente potesse far vacillare le sue iniziative e la sua efficienza. Il matrimonio si svolse con successo a dispetto del fatto che Sugunanandan si fosse limitato a fare da spettatore.

Le parole della Madre, "Il nemico di oggi è l'amico di domani", si erano avverate e la stessa cosa si ripeté anche per il matrimonio delle altre due figlie.

C'è un detto in malayalam: "Il gelsomino che cresce davanti a casa non ha profumo". Significa che se qualcuno diventerà grande e famoso, non verrà mai riconosciuto dalla propria comunità. Sono molte le anime rette che hanno provato sulla loro pelle la verità di questo adagio. A questo proposito Amma commentava: "Supponiamo che qualcuno stia ascoltando una bella canzone alla radio. Mentre si sta veramente gustando la dolcezza della melodia, il suo migliore amico entra nella stanza e gli dice: 'Sai chi sta cantando quella canzone? E' il nostro vicino, Shankar'. Allora lui spegne subito la radio dicendo: 'Ma che razza di cantante è? E' terribile!'. Figli, questo è l'atteggiamento della gente. Fanno fatica ad accettare il successo di una persona che hanno sempre conosciuto e con la quale hanno avuto confidenza". Ciò si verificò anche con Amma.

Le circostanze non le erano favorevoli. Questa giovane figlia di pescatori non era sostenuta da nessuno. I devoti che venivano da lontano erano impotenti contro l'ignoranza degli abitanti del villaggio che tormentavano Amma. Inoltre, la maggior parte dei devoti credeva che durante il Bhava darshan Amma venisse posseduta da Krishna e dalla Devi. Non riuscivano a comprendere la profondità e la pienezza della sua realizzazione di Dio. Non solo questo; a quei tempi i più venivano da lei con richieste materiali e non con propositi spirituali. Se i loro desideri erano esauditi, tornavano solo quando avevano un altro desiderio. Se così non era, non tornavano più e la loro devozione per la Madre finiva lì. Amma non aveva un soldo, né un fazzoletto di terra a sua disposizione. I famigliari né la aiutavano né la incoraggiavano in alcun modo.

Una volta un devoto parlò con Amma delle immense prove e tribolazioni che lei aveva dovuto affrontare sia durante che dopo la sadhana. Il devoto si chiedeva come avrebbe mai potuto raggiungere la Realizzazione se avesse dovuto affrontare anche lui sofferenze simili. Amma rispose con prontezza che la sua vita dimostra che è possibile realizzare Dio anche nelle peggiori circostanze.

Sarà molto interessante per il lettore scoprire come Amma sia riuscita a creare un ashram in mezzo a tali difficoltà. Sarà questo l'argomento del prossimo capitolo.

Capitolo 10

Madre di beatitudine immortale

*"Ricordatevi che Amma è onnipresente. Abbiate fede che
il Sé di Amma e il vostro Sé sono una cosa sola. Figli, la
madre che vi ha dato alla luce potrà prendersi cura di aspetti
riguardanti questa vita; al giorno d'oggi perfino questo è raro.
Ma l'obiettivo di Amma è guidarvi in modo tale che possiate
godere della beatitudine in tutte le vostre vite future".*

Sri Mata Amritanandamayi

Trailōkya sphuta vaktāro
devādyasura pannagāha
guruvaktra sthitā vidyā
gurubhaktyā tu labhyatye

La saggezza del Guru non può essere appresa
Nemmeno dagli dèi dei mondi superiori;
La conoscenza del Guru si risveglia in
Chi serve il suo Guru con l'amore più puro.

Guru Gita, verso 22

Un gruppo di giovani

"Figli, la frescura della brezza, i raggi della luna, la vastità
dello spazio e tutte le cose del mondo sono permeati di
Coscienza divina. Conoscere e sperimentare questa verità è lo
scopo della vita umana. In quest'epoca oscura, un gruppo di
giovani, rinunciando a tutto, disseminerà per il mondo la luce
spirituale".

Sri Mata Amritanandamayi

Nel 1976, un giovane di vent'anni di nome Unnikrishnan, originario del villaggio di Alappad, venne ad incontrare Amma. Era
una specie di mendicante. Sebbene avesse casa e famiglia, vi si
recava solo raramente. Dopo avere incontrato Amma si accese in
lui un'ardente brama per la vita spirituale. Amma lo comprese e
un anno dopo gli affidò la cerimonia dell'adorazione giornaliera nel tempio, permettendogli così di restare in sua presenza a
Idamannel. Egli passava i giorni nel piccolo tempio eseguendo
l'adorazione giornaliera e recitando lo *Sri Lalita Sahasranama*[1],

---

[1] I Mille Nomi della Madre Divina.

secondo le istruzioni ricevute dalla Madre. Si impegnava anche in altre pratiche spirituali, leggeva le Scritture e componeva poesie spirituali. Di notte dormiva nella veranda del tempio, usando per materasso solo un sottile asciugamano. Era così calmo e quieto che nessuno dei visitatori si accorgeva che abitava là. In questo modo, egli diventò il primo residente del futuro ashram.

Alla fine del 1978 il nucleo dell'ashram crebbe con l'arrivo di un gruppo di giovani di buona famiglia che, rinunciando alla vita nel mondo, presero rifugio ai piedi della Madre al fine di realizzare Dio e servire l'umanità. Attratti dalla personalità magnetica di Amma e dal suo amore equanime, questi giovani si sentirono ispirati a vivere una vita divina nonostante le molte difficoltà. La maggioranza di loro proveniva dalla città di Haripad[2], da famiglie dell'alta borghesia. Dopo avere incontrato Amma, divennero profondamente consapevoli che lei rappresentava la meta finale alla quale aspiravano.

Nel giro di un mese erano arrivati Srikumar, Ramesh Rao, Venugopal, Ramakrishnan e Balugopalan (Balu), ora conosciuti[3] come: Swami Purnamritananda, Swami Amritatmananda, Swami Pranavamritananda, Swami Ramakrishnananda e Swami Amritasvarupananda. Incontrarono Amma e le chiesero umilmente di guidarli sul cammino spirituale. Però Sugunanandan li scoraggiava dal risiedere permanentemente vicino alla Madre; la sua riluttanza era dovuta al fatto che le altre sue figlie rimanevano da sposare. Questi giovani aspiranti stavano ancora studiando all'università o avevano un impiego, eccetto Balu che aveva appena completato gli studi universitari. Venivano a incontrare Amma quasi ogni giorno, mantenendo contemporaneamente le responsabilità nel mondo.

---

[2] Venti chilometri a nord di Vallickavu.
[3] Dopo aver ricevuto da Amma l'iniziazione al sannyasa.

Quasi per tutti, l'improvvisa trasformazione seminò il panico nelle rispettive famiglie e tra gli amici. Per loro, Amma era una strega che aveva ipnotizzato i figli con la magia. Sempre pronti a criticare la Madre, i razionalisti colsero l'opportunità. Comincia-rono a far pubblicare sui giornali storie sensazionali per provocare una reazione pubblica contro Amma.

I devoti e i giovani si preoccupavano di queste storie false pubblicate sui giornali. Quando Amma venne a sapere delle loro ansie, scoppiò a ridere e disse: "Noi non siamo lettere o parole stampate sulla carta. Continuate le vostre pratiche spirituali senza prestare attenzione a queste cose. Coloro che oggi ci perseguitano, domani diventeranno dei devoti". Con il passare del tempo, questa affermazione della Madre divenne realtà.

Nel novembre di quell'anno, uno studente universitario brahmino venne a Idamannel per incontrare Amma. Il primo incontro produsse una grande trasformazione in lui. Iniziò a far visita alla Madre ogni volta che poteva. Sviluppò un intenso desi-derio di rinunciare alla vita nel mondo e chiese ad Amma dove avrebbe potuto risiedere per poter portare avanti le sue pratiche spirituali, dato che a quel tempo Sugunanandan cacciava via ogni giovane aspirante che desiderava stabilirsi presso di lei. Una sera Sugunanandan, in effetti, ordinò al giovane di lasciare Idamannel. Molto addolorato, egli chiese alla Madre di suggerirgli un posto adatto per continuare le sue pratiche. Lei gli disse di recarsi a Tiruvannamalai, la dimora del grande saggio Ramana Maharshi, e di osservare un voto di silenzio per quarantun giorni.

Prima di partire egli chiese: "Madre, se Sugunanandan continua a comportarsi così con i devoti, come potrà mai questo luogo diventare un ashram? E' maleducato con te e con chi vuole starti vicino. Amma, quante difficoltà attraversi! Non sopporto di vedere la tua sofferenza. Non c'è nessuno che si prenda cura di te e delle tue necessità?".

Amma lo consolò dicendo: "Non ti preoccupare. Ogni cosa andrà a posto dopo il tuo ritorno da Tiruvannamalai. In quel luogo ci sono delle persone che si prenderanno cura di Amma e del futuro ashram. Figli di altri paesi attendono ansiosamente di incontrarmi. Verrà il giorno in cui Sugunanandan ti darà il benvenuto con amore e affetto".

Egli allora chiese alla Madre un orologio per poter osservare la sua routine giornaliera e un rosario di semi di *rudraksha*[4] per contare le sue ripetizioni del mantra. Amma gli disse: "Non chiedere ad Amma queste cose, non dovresti nemmeno pensarci. Un vero aspirante non dovrebbe neanche muoversi dal suo posto. Qualunque cosa di cui abbia bisogno gli arriverà. Guarda il ragno e il pitone. Non vanno mai in cerca della preda. Il ragno se ne sta sulla sua ragnatela e gli insetti arrivano e vi restano intrappolati. E' dovere di Dio prendersi cura dei suoi devoti. Affida ogni cosa ai suoi piedi. Va' ad Arunachala[5] e tutto ciò di cui hai bisogno ti verrà dato".

Tenendo cara l'immagine di Amma nel cuore e ricordando il suo amore, il giovane partì per Tiruvannamalai usando il denaro datogli da un amico. Raggiungendo la sacra dimora del Signore Shiva, trascorse alcuni giorni in una grotta sulla montagna Arunachala. I primi due giorni si nutrì solo di foglie ed acqua e il terzo giorno, alla sera, per mancanza di cibo svenne invocando: "Amma!". In una lettera alla Madre scrisse: "Circa alle cinque del pomeriggio sono svenuto per la fame. Ero sdraiato sulla montagna in uno stato semiconscio. Proprio in quel momento ho udito distintamente la tua voce che chiamava: "Figlio mio!". Ho sentito che qualcuno mi accarezzava dolcemente la fronte. Quando ho

---

[4] Semi di colore marrone scuro noti per i loro effetti benefici, sia fisici che spirituali.
[5] La montagna sacra di Tiruvannamalai, adorata come prima incarnazione di Shiva sulla terra.

aperto gli occhi ho visto Amma in piedi davanti a me nelle sue vesti bianche! E' stata un'emozione meravigliosa".

Quando Amma ricevette questa lettera, i devoti si resero conto che proprio in quell'istante, a Vallickavu Amma aveva gridato improvvisamente: "Figlio mio!", e rivolgendosi a un devoto lì seduto aveva detto: "Mio figlio è a Tiruvannamalai e digiuna da tre giorni, e ora sta piangendo perché vuole vedermi!". Dopo questo episodio egli non ebbe più alcuna difficoltà a trovare regolarmente del cibo.

In mancanza di un luogo idoneo per compiere le sue pratiche spirituali, il giovane trascorreva i suoi giorni sulla montagna e di notte dormiva alle pendici. Dopo un paio di giorni incontrò Madhusudhana (ora Swami Premananda), originario delle isole Reunion, i cui antenati erano indiani. Entrambi percepirono un flusso d'amore che li legava. Ricordando le parole della Madre, egli ebbe la forte sensazione che anche Madhusudana fosse suo figlio. Cominciò a parlargli di Amma e gli mostrò una piccola foto.

Madhu, desideroso di condividere la felicità che aveva provato sentendo parlare della Madre, presentò il giovane a un devoto americano di nome Nealu, dalla natura contemplativa. Il suo insegnante spirituale, un diretto discepolo di Ramana Maharshi, era morto quattro anni prima. Nealu aveva vissuto a Tiruvannamalai e servito il suo insegnante per undici anni. Attualmente era costretto quasi sempre a letto per via di dolori acuti allo stomaco e alla schiena. Era a malapena in grado di sedersi o di camminare anche solo per pochi minuti. I medici non erano riusciti a trovare né la causa né la cura.

Venendo a sapere delle difficoltà del ragazzo a trovare un luogo idoneo per la meditazione, Nealu gli offrì la casetta del suo insegnante. Il giovane gli parlò di Amma, ma Nealu inizialmente non pareva molto interessato. Aveva già incontrato molti grandi santi ed era interessato soltanto a guarire per poter continuare la sua sadhana. Con questa idea in mente, gli chiese di accompagnarlo da Amma al termine del suo voto di silenzio. Nealu diede poi al giovane *sadhak* (aspirante spirituale) un orologio e un *mala* (rosario) di rudraksha, pensando che avrebbero potuto essergli utili nella pratica spirituale. Ricordando le parole della Madre che tutto sarebbe venuto senza bisogno di chiedere, il ragazzo si sentì sopraffare dall'emozione e con zelo iniziò il suo voto.

Un giorno, mentre stava compiendo il giro propiziatorio intorno ad Arunachala, notò un uomo dalla carnagione chiara che recitava dei versi *tamil* camminando con un gruppo di persone attorno alla montagna. Era il giorno della celebrazione del compleanno di Sri Ramana. Quando guardò l'uomo, questi ricambiò lo sguardo, anche se con un'aria di superiorità. Il giovane pensò: "Benché sia orgoglioso, mi sembra anche lui figlio della Madre". Quell'uomo era, in effetti, un devoto francese di nome Ganga, che più tardi si trasferì presso Amma.

Dopo i quarantun giorni di silenzio, il giovane e Nealu si recarono a Vallickavu. Questo primo incontro con Amma fu molto importante per Nealu[6]. Come racconta lui stesso: "I primi quattro giorni che trascorsi là, mi sentivo in Paradiso: tale era la beatitudine che sperimentavo alla presenza della Madre! Una sera, alla fine del Devi Bhava, Amma era in piedi sulla porta del tempio mentre io ero fuori e la guardavo a mani giunte. Ero pieno di gioia. In quel momento vidi la sua forma fisica scomparire in uno splendore che si espanse diffondendosi tutt'attorno ed inghiottì ogni cosa visibile. Poi, improvvisamente quella luce si contrasse in un punto splendente di luce intensissima, e sentii come se quella luce stesse entrando in me. Per tre giorni non riuscii a dormire a causa dell'ebbrezza spirituale di quell'esperienza. Pensavo ad

---

[6] Una descrizione dettagliata si può trovare sul libro: "Sul cammino della libertà", di Swami Paramatmananda.

Amma giorno e notte. Decisi di restare con lei per il resto della mia vita, ricevendo la sua guida e servendola".

Nealu ritornò poi a Tiruvannamalai in compagnia del giovane per disporre delle sue cose e quando fecero ritorno a Vallickavu, stranamente Sugunanandan diede loro il benvenuto, come se fossero stati figli suoi. Per la prima volta in tre anni, i dolori di Nealu si erano attenuati e lui era in grado di muoversi e svolgere qualche lavoretto.

Quando Nealu ritornò da Tiruvannamalai, disse ad Amma: "Non voglio più andarmene da qui. Voglio restare con te per sempre come un tuo umile servitore". Amma gli rispose: "Figlio, non possiedo un centimetro di terra. Chiedi a mio padre. Abbiamo bisogno di un posto in cui stare".

Con grande sorpresa di tutti, Sugunanandan acconsentì a donare loro un piccolo terreno, sul quale costruirono una modesta capanna di foglie di palma intrecciate. In tutto, misurava meno di tre metri per sei. Serviva da riparo per Amma, Nealu, Balu e segnò l'inizio dell'ashram.

Dopo il suo primo incontro con Amma, Balu se n'era andato di casa e passava la maggior parte del tempo con lei. Per sua fortuna aveva ottenuto il permesso di Sugunanandan di trasferirsi a Idamannel. Così, all'arrivo di Nealu, si sistemò anche Balu.

Dopo Nealu, anche Ganga e Madhu vennero a vivere con Amma. Sebbene con grande devozione avessero offerto alla Madre tutti i loro averi, lei rifiutò dicendo: "Se svilupperete un carattere puro e diventerete spiritualmente perfetti, sarà quella la mia ricchezza. Chi realizza la propria essenza, la vedrà in tutto. Il mondo intero diventerà suo".

Una notte, un vicino svegliò Ganga per farsi prestare la torcia elettrica. La figlia di quell'uomo era stata colta da un attacco acuto di asma e doveva essere portata al più presto in ospedale, al buio. Dopo alcune ore l'uomo tornò e restituì la torcia. Il mattino successivo Ganga raccontò l'accaduto alla Madre aggiungendo che aveva provato l'impulso di rompere la testa a quell'uomo perché gli aveva disturbato il sonno. Amma lo sgridò dicendo: "Che razza di aspirante spirituale sei? Cosa hai guadagnato conducendo una vita spirituale per così tanti anni prima di venire qui? Sono questi i frutti? Essendo un seguace del sentiero della conoscenza come tu pensi di essere, dovresti vedere il tuo Sé in ogni cosa. Come hai potuto arrabbiarti con quell'uomo? Se ti pungessi il piede con una spina, non sentiresti dolore e non vorresti rimuoverla subito? Immagina l'ansia di quell'uomo nel cercare di alleviare la sofferenza di sua figlia. Il dolore e la sofferenza di tutti gli esseri viventi dovrebbero essere percepiti come propri. Solo allora la mente si espanderà e diventerà come il cielo che accoglie tutti equamente. Affinché questo accada, la mente deve diventare innocente come quella di un bambino e ciò è possibile solo attraverso la pura devozione a Dio".

Con tono derisorio Ganga rispose: "La devozione non soddisfa l'intelletto. Seguire il sentiero della devozione indica una certa debolezza. A che servono tutte queste espressioni emotive come il piangere e il cantare? Non fanno per me. Sri Ramana non ha mai prescritto il sentiero della devozione. Ai suoi devoti indicava soltanto il sentiero della conoscenza ed io lo preferisco perché si rivolge all'intelletto. E' più convincente". Questa era l'errata concezione della devozione che aveva Ganga quando arrivò da Amma.

Amma sorridendo rispose: "Ho appena visto il frutto delle tue pratiche sul sentiero della conoscenza. Se questo è il risultato, allora non ti devi preoccupare di condurre una vita di sacrificio e di rinuncia. Puoi tranquillamente godere di tutti i piaceri dei sensi! Hai letto le opere di e su Sri Ramana? Se non lo hai fatto, per favore fallo perché ci sono molte opere piene di devozione. Infatti, lui stesso era l'incarnazione della devozione al Signore Arunachala. Anche la semplice menzione del suo nome gli faceva venire lacrime di amore divino agli occhi. Contrariamente a quanto tu pensi, la devozione non è sinonimo di debolezza mentale. E' il più grande raggiungimento che un essere umano possa conseguire. Significa percepire Dio equamente in tutti gli esseri; è il puro amore dell'esistenza altruistica. Figlio, coltiva l'amore".

Non convinto delle parole della Madre, Ganga andò a Tiruvannamalai e con sua sorpresa si imbatté in un'opera devozionale di Sri Ramana. Ricordando le parole di Amma, fu sopraffatto da una grande emozione e iniziò a piangere. Pregò Amma affinché lo richiamasse in sua presenza. Fu in quel momento che Amma, conoscendo la sua situazione mentale, gli scrisse una lettera chiedendogli di ritornare. Realizzandone chiaramente la grandezza, egli si abbandonò ai suoi piedi con grande umiltà.

Madhu aveva incontrato molti santi prima di arrivare dalla Madre, ma quando la vide per la prima volta sentì di essere arrivato alla fine del suo viaggio. Dedicando tutto il cuore e l'anima alla Madre, Madhu cominciò a raccogliere tutti i commentari esistenti sulla *Srimad Bhagavad Gita* e a tradurli in francese per il beneficio spirituale dei devoti francesi. Ispirato da Amma, cominciò la sua missione spirituale nella sua terra nativa, nelle isole Reunion, e vi costruì uno splendido ashram a lei dedicato. Con la benedizione di Amma, ha contribuito a portare molte persone sul sentiero spirituale.

In quel periodo Amma trascorreva all'aperto la maggior parte delle notti, perciò tutti preferivano dormire sotto le palme, sulla sabbia. Se per caso le capitava di addormentarsi nella capanna, nel cuore della notte si alzava e si sdraiava fuori all'aperto. Ricordiamo che Amma dormiva e mangiava pochissimo e donava se stessa senza limiti. Perfino dopo essere rimasta seduta nel tempio a ricevere i devoti tutta la notte per tre volte la settimana, trovava sempre il tempo per ricevere altri devoti durante il giorno e dare istruzioni agli aspiranti spirituali che cercavano la sua guida.

All'inizio, Nealu ebbe molti problemi con la lingua. Per conversare con Amma chiedeva sempre l'aiuto di Balu, ma in breve tempo cominciò a comprendere il malayalam. In questo periodo, Balu ebbe la fortuna di servire Amma, non essendoci nessuno che si prendesse cura delle sue necessità.

Un giorno Sugunanandan commentò maleducatamente che non aveva alcuna intenzione di dar da mangiare ai *saippu* (stranieri): da allora si incominciarono a preparare separatamente i pasti per Amma, Nealu, Balu. Amma non mangiava quasi nulla. A volte, su insistenza di Nealu o Balu, mangiava un pochino.

Un giorno Nealu si impuntò che Amma mangiasse qualcosa. Infine lei disse: "Sì, va bene. Porta qualcosa". Immediatamente Nealu portò un piatto colmo di cibo e stranamente Amma lo finì in un attimo. Nealu le servì dell'altro cibo e anche questo venne consumato in un batter d'occhio. Amma guardava Nealu con aspettativa, restando seduta. Le fu servito ancora dell'altro cibo e mangiò anche questo. Amma continuava a mangiare, ma qualunque cosa le venisse servita sembrava non saziarla. Nealu e gli altri si guardarono con stupore. Comprarono altro cibo nel negozio vicino, ma Amma consumò immediatamente anche questo. Nealu era esausto e pallido! Non insistette mai più con Amma affinché mangiasse!

In quel periodo sorsero nuovi conflitti familiari. Erano passati solo due mesi dal matrimonio di Sugunamma quando Sugunanandan dispose frettolosamente il matrimonio delle altre due figlie. Senza chiedere il parere di nessuno, fissò il matrimonio di Kasturi, la figlia maggiore. Perfino Amma ne fu informata soltanto dopo che Sugunanandan aveva accettato la proposta dello sposo.

Come celebrare il matrimonio senza denaro? Questo era il problema. Sugunanandan non aveva entrate e nel tempio non c'era denaro. Come era sua abitudine, Sugunanandan a quel punto uscì di scena. Amma però era imperturbabile. Ma Balu diventò molto triste e chiese: "Madre, come si può fare a celebrare il matrimonio?". Nealu disse: "Amma, ti darò tutto quello che ho. E' dovere del discepolo prendersi cura del suo Guru. Non ho nulla che possa chiamare mio; tutto quello che ho è di Amma. Perciò, per favore organizza il matrimonio di Kasturi con il denaro di cui dispongo".

Amma rispose: "Dopo il matrimonio le ragazze condurranno una vita mondana. I tuoi averi sono destinati alla spiritualità; devono essere spesi soltanto per scopi virtuosi. Se vengono dati a persone mondane, esse accumuleranno delle colpe, e ciò influenzerà anche noi e il nostro sentiero. Se Dio ha fatto sì che mio padre fissasse il matrimonio, che sia Dio a condurlo. Noi non dobbiamo preoccuparcene. Sugunanandan non si assilla; perché dovremmo farlo noi? Figli, non c'è bisogno di agitarsi".

Benché Sugunanandan avesse fretta di fissare il matrimonio, quando si trattava dei dettagli più importanti, come il lato finanziario, si tirava da parte. Amma incominciò ad organizzare il necessario senza dire una parola. A Balu piangeva il cuore nel vedere tutto questo e le disse: "Mi farò dare la mia parte di eredità dalla mia famiglia". Amma non era d'accordo, allora Balu scrisse ad alcuni devoti chiedendo aiuto economico. Più tardi, quando Amma venne a saperlo, rimproverò il discepolo dicendogli: "Figlio, affrontiamo la cosa con calma. Non c'è motivo di preoccuparsi".

Alla fine ogni cosa fu pronta tranne le cinquemila rupie necessarie. Per affrontare le spese del matrimonio, questa cifra era indispensabile. Alcuni giorni dopo arrivò un assegno di cinquemila rupie spedito da un anonimo benefattore di Madras che aveva recentemente sentito parlare di Amma. Così, a metà settembre del 1980, Kasturi si sposò.

Non erano ancora trascorsi tre mesi quando Sugunanandan fissò il matrimonio di Sanjani. Fatto questo, scomparve di nuovo lasciando la parte difficile ad Amma. La responsabilità di trovare il denaro sufficiente per la dote, le spese della cerimonia e i gioielli d'oro per la sposa: tutto ricadde sulle sue spalle.

Balu non era più triste, era arrabbiato! Anche Amma era dispiaciuta dalla mancanza di discriminazione di Sugunanandan. Sebbene la cosa la irritasse, rimase imperturbabile e si occupò della faccenda con efficacia. Poi i familiari dello sposo chiesero dell'altro oro e, come al solito, il denaro rimaneva un grande problema. Amma aveva detto chiaramente che non si dovevano spendere i soldi destinati a scopi spirituali, né chiedere denaro in prestito. Allora cosa fare?

In quel frangente, Kasturi tornò a Idamannel per via di alcune divergenze di opinione con il marito. Venendo a conoscenza della necessità di altro oro, disse: "Per il matrimonio di Sanjani potete prendere in prestito i miei gioielli. Me li restituirete più avanti". Ora c'era tutto eccetto una collana e un anello. Due giorni prima del matrimonio mancavano ancora, ma Amma era calma e equanime come sempre. Il mattino successivo, durante le pulizie del tempio dopo il Devi Bhava, qualcuno notò un piccolo pacchetto tra le offerte. Fu una grande sorpresa scoprire che conteneva una collana e un anello, proprio ciò che serviva per il matrimonio! Perfino lo stile dei gioielli era quello scelto il mese prima! Quale altra dimostrazione che la volontà divina sistema tutto?

Tuttavia non fu la fine delle difficoltà di questo matrimonio. Alcuni devoti locali avevano delle obiezioni: si chiedevano perché Sugunanandan avesse predisposto un matrimonio con chi in precedenza era stato suo nemico. I figli dei devoti e dei sostenitori non forse erano all'altezza? Alcuni giovani, ottimi amici di Subhagan, avevano desiderato sposare le figlie di Sugunanandan. e ora anch'essi gli si rivoltarono contro. Così, quando i nemici diventarono parenti, gli amici diventarono nemici. Vennero a litigare con Sugunanandan e cercarono di creare degli ostacoli al matrimonio di Sanjani. Con la speranza di far annullare il matrimonio, diffusero voci scandalose e le riferirono anche allo sposo. Perfino il giorno prima del matrimonio tutti si chiedevano se il matrimonio sarebbe stato celebrato o meno.

Il giorno del matrimonio, Amma condusse i brahmachari a casa dei vicini. Aveva fatto la stessa cosa in occasione dei due matrimoni precedenti. Era per il bene dei brahmachari, che non devono partecipare a questo tipo di cerimonie. Amma spiegò: "Un aspirante non dovrebbe intervenire a matrimoni o funerali. Nel primo caso, tutti pensano al matrimonio, che è una schiavitù; nel secondo caso c'è l'angoscia per la perdita di un essere mortale. In entrambi i casi, i partecipanti si concentrano sul non-eterno. Questi pensieri sono dannosi per un ricercatore spirituale. Le vibrazioni mondane entrano nella mente subconscia e l'aspirante si inquieta per cose irreali".

Così, l'ostacolo principale che impediva ai brahmachari di trasferirsi presso Amma venne rimosso. Le tre figlie di Sugunanandan erano sposate. E non solo: i miscredenti e i razionalisti, ammettendo la sconfitta, si ritirarono uno dopo l'altro. Alcuni capirono che le loro azioni erano insensate e lasciarono l'organizzazione. I membri restanti iniziarono a litigare tra loro e così il "Comitato contro la fede cieca" si dissolse. Coloro che si erano battuti contro la verità e la rettitudine divennero la causa del proprio fallimento. Questi sviluppi segnarono l'inizio di una nuova fase del servizio spirituale della Madre per confortare ed elevare l'umanità sofferente.

L'atteggiamento di Amma verso tutte le prove e difficoltà inflittele dai parenti e dai miscredenti nel corso degli anni è sempre stato incomparabile. Un giorno disse: "Erano le loro concezioni errate a farli parlare e agire in quel modo, ed anche il non rendersi conto dell'importanza e del valore della vita spirituale. Perché arrabbiarsi con loro o detestarli? Da parte nostra si sarebbe trattato solo di ignoranza e, come risultato, la nostra mente si sarebbe contaminata. Guardate queste rose fresche. Come sono belle! Che buon profumo emanano! Ma che cosa diamo loro per farle crescere? Soltanto un po' di foglie di tè usate e del letame! Che grande differenza tra questi magnifici fiori e il concime che abbiamo dato loro! Paragonato alla loro bellezza e fragranza, cosa dire di questo concime? Allo stesso modo, le difficoltà sono il fertilizzante che ci fa crescere spiritualmente forti. Tutti gli ostacoli aiutano il nostro cuore a sbocciare in pieno. Cantare di notte è la natura dei grilli, ma quel rumore non disturba il sonno di nessuno. In modo analogo, la natura dell'ignorante è di creare problemi. Perciò dobbiamo pregare Dio di perdonarli e di guidarli sul sentiero giusto. Dedicate ogni cosa a Dio ed Egli si prenderà cura di voi".

Madre di beatitudine immortale

Ora che le figlie erano sposate, Sugunanandan si era tranquillizzato e così il primo gruppo di brahmachari poté trasferirsi da Amma. Per il forte desiderio di starle vicino, i brahmachari non si curavano del fatto che lo spazio, il cibo e gli abiti fossero ridotti al minimo. Per la maggior parte del tempo vivevano all'aperto e dormivano per terra senza nemmeno una stuoia. Ciò che avevano, arrivava senza che lo chiedessero e veniva diviso fra tutti. Non avendo denaro, se qualcun doveva andare da qualche parte vi si recava a piedi. Anche se avevano soltanto un abito ciascuno, in qualche modo impararono ad arrangiarsi.

Sentendosi un po' depresso perché i suoi unici vestiti erano sporchi e laceri, un giorno un brahmachari si lamentò con Amma per la mancanza di beni di prima necessità. Amma rispose: "Figlio, non chiedere a Dio cose di così poco conto. Abbandonati ai suoi piedi e Lui ti darà ciò di cui hai realmente bisogno". Amma viveva in quel modo e perciò parlava per esperienza personale. Il giorno dopo un devoto, sebbene non fosse al corrente della situazione, portò un nuovo cambio d'abiti per tutti i brahmachari.

Le circostanze austere nelle quali i ragazzi vivevano nei primi tempi dell'ashram insegnarono loro la rinuncia. Per incoraggiarli, Amma diceva: "Se siete in grado di sostenere il training che ricevete qui, vi sentirete a vostro agio dappertutto. Se riuscite a superare tutte queste situazioni avverse, potrete facilmente far fronte ad ogni crisi o sfida nella vita".

Poiché il numero dei devoti e dei brahmachari residenti era in aumento e la mancanza di strutture continuava, nacque l'idea di fondare ufficialmente un ashram. Tuttavia la situazione non sembrava molto promettente. Amma non aveva né soldi né terra a disposizione. Perfino il terreno sul quale Nealu aveva costruito la capanna apparteneva a Sugunanandan, il quale, pur avendo dato il permesso a Nealu e Balu di risiedere permanentemente a Idamannel, non aveva mai accettato l'idea che la sua casa potesse in futuro diventare un ashram. Il pensiero di ospitare sempre più persone non gli andava. Una volta, mentre Amma stava parlando della possibilità di creare un ashram, egli chiarì il proprio punto di vista: "Che cos'è questa storia? Siamo forse ricchi? Come si fa a gestire un ashram? Se si crea un ashram, dove andremo noi? No! Non permetterò che qui si legalizzi un ashram!".

Anche Amma, all'inizio, non era a favore di questa idea. Quando alcuni devoti le avevano fatto questa proposta, aveva risposto: "Amma ha sentito parlare molto di 'ashram'. Amma non ha bisogno di un ashram. Non è forse una schiavitù? Non avete visto il chiromante che va in giro con un pappagallo prigioniero in gabbia? Alla fine, la situazione di Amma diventerebbe simile alla sua. Non posso. Amma ha la sua libertà. Niente la deve ostacolare".

Ma con l'aumento dei devoti e dei discepoli, un ashram legalmente riconosciuto diventò una necessità inevitabile. Inoltre, i discepoli stranieri non potevano per legge risiedere in casa di privati a tempo indeterminato. A questo punto Amma si convinse della necessità di un centro spirituale approvato dal governo. Quando le chiesero come procedere, rispose maliziosamente: "La mia famiglia non acconsentirà ad istituire un ashram. I loro *samskara*[7] sono diversi. Non aspettiamo il loro permesso; non coopereranno mai. Ma dobbiamo prepararci ad sentire le loro lamentele!".

E fu così che il 6 maggio 1981, con lo scopo di preservare e propagare gli ideali e gli insegnamenti di Amma, fu fondato e registrato, sotto la Travancore-Cochin State Literary and Charitable Act del 1955, a Kollam, Kerala, nel Sud India, il Mata Amritanandamayi Math and Mission Trust. Da quel momento Amma adottò ufficialmente il nome 'Mata Anritanandamayi' che le era stato dato da uno dei suoi brahmachari. Essendo lei davvero la Madre di beatitudine immortale, questo il significato del termine sanscrito, il nome era adatto.

All'incirca in quel periodo, uno dei brahmachari che aveva bisogno di alcuni libri sulle Scritture, chiese ad Amma di scegliere per lui un biglietto di una lotteria che metteva in premio alcuni libri. La Madre gli disse: "Perché desiderare cose simili? Riceverai presto moltissimi libri". Poco tempo dopo, Nealu, trasferitosi permanentemente, decise di portare all'ashram la sua biblioteca di oltre duemila volumi in lingua inglese e in varie lingue indiane. Così nacque la biblioteca dell'ashram.

Fu anche avviata una scuola per impartire ai residenti la conoscenza tradizionale del *Vedanta* e del sanscrito. Allo stesso tempo però Amma ricordava continuamente ai brahmachari l'importanza della meditazione, anziché la mera conoscenza libresca,

---

[7] Tendenze mentali acquisite attraverso le azioni passate.

dicendo: "Le Scritture sono soltanto delle indicazioni. Sono solo un mezzo, non fine a se stesse. Uno studente di agricoltura impara a seminare, quando e come usare i fertilizzanti, come liberarsi dagli insetti e prevenirne il ritorno, ecc. Allo stesso modo, lo studio delle Scritture ci indica come eseguire le pratiche spirituali".

Una parola deve essere spesa a riguardo del grande cambiamento che si verificò nella famiglia di Amma e negli abitanti del villaggio, che ora si sentono orgogliosi di vivere nel suo stesso paese. La famiglia si rese conto che Amma era un'incarnazione divina e in loro avvenne un'enorme trasformazione. Sugunanandan e Damayanti si chiedono spesso quali atti meritevoli abbiano compiuto nelle vite passate per meritarsi di diventare i 'genitori' della Madre Divina in persona! Ora si considerano il padre e la madre dei brahmachari che vivono all'ashram.

Rispondendo alle ripetute richieste dei suoi figli, Amma ha intrapreso il primo dei suoi molti viaggi intorno al mondo tra il maggio e l'agosto 1987, viaggiando in America e in Europa. L'impatto è stato grandioso. Amma ha ispirato e trasformato molte persone che hanno sperimentato il suo fascino spirituale e il suo amore universale.

A quelle anime benedette che arrivano alla sua santa presenza, Amma dice: "Guardando un blocco di pietra, uno scultore vedrà solo la magnifica forma latente in esso, ignorandone il rozzo aspetto esteriore. Allo stesso modo, un'anima realizzata vede solo l'*Atman*, o Sé, che splende in tutto senza distinzione, ignorando le differenze esterne. Un alcolizzato non può istituire il divieto di bere. Deve astenersi dal bere per primo e poi potrà chiedere agli altri di fare la stessa cosa. Allo stesso modo, figli miei, solo dopo che sarete diventati moralmente e spiritualmente perfetti e capaci di vedere il Divino in tutti, potrete insegnare agli altri a diventarlo".

Concludiamo questo racconto della vita della Madre con il suo messaggio a tutta l'umanità:

> *"Venite in fretta miei cari figli, voi che siete la divina essenza di 'OM'. Rimuovendo ogni dolore, crescete fino a diventare adorabili e fondetevi con il sacro 'OM'!".*

Capitolo 11

Il significato dei Bhava divini

I Bhava divini di Amma come Krishna e Devi sono un tema che trascende di molto la comprensione umana, ma attraverso un'analisi dettagliata di questo fenomeno riusciamo ad intravedere un barlume dell'infinito potere spirituale di Amma. Rispondendo ad una chiamata sincera, un Maestro perfetto rivela a poco a poco i suoi infiniti attributi al cuore del devoto. Quando il processo di purificazione ha raggiunto un stadio elevato, la grazia del Maestro rivelerà gradualmente la grandezza del Guru, che in verità non è altro che la natura stessa del discepolo o del devoto. La grazia, naturalmente, è il primo requisito per iniziare a comprendere il significato dei divini stati d'animo della Madre.

I grandi Maestri dell'India hanno classificato le incarnazioni divine in tre categorie principali: 1- Purna Avatara (completo o perfetto), 2- Amsa Avatara (manifestazione parziale), 3- Avesa Avatara (manifestazione temporanea del potere divino). La parola *"Avatara"* significa calato o disceso.

Un Purna Avatara è la discesa dell'Energia suprema immutabile, senza nome e senza forma, che assume una forma umana e manifesta un potere infinito senza alcuna limitazione. L'obiettivo di un tale Essere è ripristinare e preservare la rettitudine (*dharma*) e risvegliare l'umanità rendendo le persone consapevoli del proprio Sé.

Amsa Avatara è la discesa di Dio che manifesta parte del suo potere per adempiere ad un particolare proposito. L'incarnazione del Signore Vishnu come Vamana (il Nano) e Narasimha (l'Uomo-leone) sono tipici esempi di Amsa Avatara.

Avesa Avatara è una temporanea visita o possessione del divino, che usa il corpo di qualcuno per portare a termine un determinato compito. Parasurama, un'incarnazione del Signore Vishnu, come descritto nello *Srimad Bhagavatam*, appartiene a questa categoria. Il Signore entrò nel corpo di Parasurama, un grande guerriero, per distruggere i crudeli re *kshatriya* che erano diventati molto arroganti ed egoisti. Dopo aver portato a termine questo compito, il potere lo lasciò. Si dice che Sri Rama, un'altra incarnazione del Signore Vishnu, tolse il potere divino a Parasurama mentre ritornava ad Ayodhya dopo il matrimonio con Sita. Le Scritture affermano che i demoni e i fantasmi a volte posseggono il corpo di persone mentalmente deboli. Le persone principalmente virtuose e buone per natura (*sattviche*) possono essere possedute dai *deva* (dèi minori), coloro che sono dotati di creatività e di vigore (*rajasici*) dagli esseri celesti (inferiori agli dèi minori), e le persone di natura tenebrosa e oscura (*tamasiche*) dagli spiriti cattivi. Le Scritture dicono anche che il potere divino può manifestarsi per un breve periodo di tempo nel corpo di rare anime di estrema purezza. Ecco perché Parasurama è considerato un Avesa Avatara.

La seguente è una similitudine che può aiutare il lettore a farsi un'idea dei Bhava divini di Amma. Quando il Signore Krishna viveva a Dwaraka, una volta espresse il desiderio di vedere il suo caro devoto Hanuman. Il suo veicolo, Garuda, il re degli uccelli, fu mandato come messaggero a invitare Hanuman, che però rifiutò, spiegando: "Non voglio vedere nessuno se non il mio

Signore Rama". Quando la risposta di Hanuman fu riportata a Sri Krishna, Egli mandò ancora una volta Garuda da Hanuman dicendo: "Digli che il Signore Rama e la sua santa consorte Sita sono a Dwaraka e vorrebbero vederlo".

Mentre Garuda raggiungeva Hanuman, il Signore Krishna assunse la forma di Rama, che era vissuto molti secoli prima. Rukmini, la consorte di Krishna, divenne Sita. Nel frattempo Hanuman giunse a Dwaraka, vide i suoi amati Sri Rama e Sita, rese loro omaggio e ritornò alla propria dimora.

Benché il Signore Rama fosse anch'egli un'incarnazione del Signore Vishnu, era vissuto ad Ayodhya migliaia di anni prima del tempo di Krishna. Tuttavia Hanuman, grande devoto di Rama, non aveva dubbi che Rama e Sita potessero apparire a Dwaraka, anche se l'onnisciente Hanuman sapeva che il Signore di Dwaraka era Krishna. Certamente Hanuman sapeva che nessuno eccetto Krishna poteva manifestare il Rama Bhava. Per Hanuman ciò rappresentava l'opportunità di vedere ancora una volta in forma umana il suo Signore con Sita. Krishna, servo dei devoti, esaudì felicemente il desiderio del suo grande devoto e lo benedì. Solo un Purna Avatara può diventare uno con gli altri dèi o dee. Essendo uno di questi Avatara, Krishna manifestò facilmente il Rama Bhava. Quando Krishna chiese alle mogli, inclusa Satyabhama, una delle sue preferite, di assumere il Sita Bhava, nessuna ne fu capace. Finalmente Rukmini, incarnazione della dea Lakshmi, lo fece senza sforzo.

Nel caso dell'Avesa Avatara, i poteri divini entrano in una particolare persona e si ritirano a missione compiuta. Ma nel caso di Krishna e Rukmini, il Signore Krishna manifestò il Rama Bhava, ovvero gli attributi di Rama già latenti in Lui.

Accadde un fatto simile nella vita di Chaitanya Mahaprabhu del Bengala, un santo indù del sedicesimo secolo. Un giorno il Pandit Srivasa, ardente devoto del Signore Narasimha, stava eseguendo la sua consueta ripetizione del mantra seduto nella stanza della puja. Improvvisamente sentì bussare alla porta. "Chi è?", chiese il pandit. "Guarda la Divinità che stai adorando", fu la risposta. Il pandit Srivasa aprì la porta e si trovò di fronte il Signore Chaitanya che, in uno stato d'animo elevato, entrò e si sedette nel posto destinato all'adorazione. Il pandit vide splendere in Chaitanya il Signore Narasimha e con grande devozione lo adorò in quella forma. Chaitanya benedì la famiglia del pandit permettendole di prendere parte nell'adorazione.

Dopo che tutta la famiglia ebbe ricevuto la sua benedizione, Chaitanya Mahaprabhu perse coscienza. Si riebbe dopo pochi minuti e chiese al pandit: "Cos'è successo? Non mi ricordo niente. Ho detto qualcosa di sbagliato?". Con grande umiltà, Srivasa si prostrò dinanzi al Signore e disse: "Bhagavan, per favore non confondere più questo tuo umile servo. Per tua grazia sono riuscito a vedere chi sei davvero!". Udendo questo, Chaitanya sorrise con benevolenza in segno di conferma. Molti avvenimenti simili nella vita del Signore Chaitanya rivelano che egli diede il darshan ai suoi devoti in Bhava divini diversi.

Da questa spiegazione si può iniziare a comprendere cosa sia il Bhava darshan: la manifestazione di differenti stati divini (*Isvara Bhava*) di un'incarnazione di Dio in risposta ai desideri dei devoti. Anandamayi Ma, che visse in Bengala, manifestava i Krishna e Kali Bhava durnate il canto dei bhajan. Questi Bhava manifestati dalle incarnazioni si verificano solo in certe occasioni per adempiere ad un fine particolare, e specialmente in risposta all'ardente desiderio dei devoti. Inoltre, durano solo per breve tempo. A quei tempi Mata Amritanandamayi manifestava gli stati divini tre notti a settimana, per la durata di 10 o 12 ore, a seconda del numero dei devoti.

Si dice che il Signore Chaitanya avesse due Bhava, quello più frequente di un devoto e il Bhagavat Bhava, durante il quale rivelava il suo vero stato di Dimora-nel-Sé. Sri Ramakrishna Paramahansa rivelava anch'egli più di un Bhava. Si dice che durante il periodo delle sue pratiche spirituali nel Bhava di Hanuman gli si fosse addirittura sviluppata un'escrescenza simile a una piccola coda.

Durante il Krishna e il Devi Bhava, Amma rivelava qualcosa che era già dentro di lei e manifestava questi Esseri divini come benedizione ai devoti. A proposito dei Bhava una volta Amma disse: "Amma non manifesta nemmeno un'infinitesima parte del suo potere spirituale durante i Bhava, altrimenti nessuno potrebbe avvicinarsi! Dentro di noi esistono tutte le divinità del pantheon induista, che rappresentano gli innumerevoli aspetti dell'unico Essere supremo. Un'incarnazione divina può manifestarne uno a sua scelta, per il beneficio dell'umanità. Il Krishna Bhava è la manifestazione dell'aspetto Purusha o puro Essere, mentre il Devi Bhava è la manifestazione del femminile, la creatrice, il principio attivo dell'Assoluto impersonale. Qui c'è una ragazza folle che indossa le vesti di Krishna e poi quelle della Devi, ma entrambi esistono dentro di lei. Tuttavia, non dimentichiamo che tutti gli oggetti con un nome e una forma sono soltanto proiezioni mentali. Perché si decora un elefante? Perché un avvocato indossa una toga e un poliziotto l'uniforme e il berretto? Si tratta semplicemente di ausili esteriori che servono a creare una certa impressione. Allo stesso modo, Amma indossa le vesti di Krishna e della Devi per rafforzare la devozione di chi viene al darshan. L'Atman che è in me è anche in voi. Se riuscirete a realizzare il principio indivisibile che risplende eternamente in voi, diventerete Quello".

Perfino oggi, qualcuno crede che durante i Bhava darshan la Madre Divina visiti il corpo di Amma per poi lasciarlo al termine del darshan. Questo concetto errato è dovuto ad una mancata comprensione dei Bhava di Amma. Essi non sono altro che la rivelazione esteriore della sua ininterrotta unione con il Supremo, e non hanno niente a che fare con possessioni o grazia divina come crede qualcuno.

Rispondendo alle domande dei devoti, Amma ha spiegato molti punti riguardo ai Bhava:

Devoto: "Molti devoti dicono che Amma è la stessa nei Bhava Divini e negli altri momenti. Se è così, allora qual è il significato dei Bhava?".

Madre: "Durante il Bhava darshan Amma rimuove due o tre veli, per così dire, in modo che il devoto possa avere una fugace visione del Supremo. Persone diverse hanno credi diversi. Lo scopo di Amma è aiutare in qualche modo le persone ad avvicinarsi a Dio. Alcune sono interessate soltanto se vedono Amma nelle vesti della Devi o di Krishna. Inoltre, sono in pochissimi a conoscere qualcosa di spiritualità. Alcuni trovano difficile credere alle parole di Amma nei momenti ordinari, ma se lei dice la stessa cosa durante il Devi Bhava, allora le credono".

Devoto: "Madre, c'è un momento particolare per manifestare questi Bhava?".

Madre: "No, non c'è. Si possono manifestare in qualunque momento. Basta volerlo".

Devoto: "Madre, perché ti vesti come la Devi?".

Madre: "Ciò aiuta la gente a ricordare il significato del Bhava. Figlio, ogni aspetto è importante a modo suo. Quando nasciamo siamo nudi. Poi, secondo il paese e le usanze, indossiamo tipi di vestiti diversi. Qualunque sia il vestito, la persona è sempre la stessa. Oggigiorno le persone danno molta importanza all'abito. Amma vi fa un esempio. Un uomo stava tagliando un albero sul ciglio di una strada. Un altro uomo lo vide e gli disse: 'Non tagliare quell'albero! E' contro la legge'. L'uomo non solo si rifiutò di smettere, ma reagì anche maleducatamente. La persona che aveva cercato di impedire al giovinastro di tagliare l'albero era un poliziotto; se ne andò e tornò subito dopo indossando l'uniforme.

Anche da lontano, la sola vista del suo berretto bastò a far scappare l'altro a gambe levate. Perciò, per insegnare alle persone ignoranti è necessario un aspetto particolare. Qualcuno che è insoddisfatto anche dopo aver parlato con Amma per ore si sente pienamente appagato dopo aver parlato con lei per un paio si secondi durante il Bhava darshan. Si sente in pace dopo aver raccontato tutte le sue preoccupazioni direttamente a Dio".

Tutte le incarnazioni sono uniche. Non si può dire che Krishna fosse più grande di Rama o Rama più grande di Buddha. Ognuno di loro ha il proprio compito da portare a termine e adotta i metodi appropriati per elevare l'umanità. Ma questo non vuol dire che la loro visione della vita sia diversa. Le loro azioni non possono essere valutate usando il metro limitato della logica e dell'intelletto. Possiamo forse avere una vaga idea della loro grandezza attraverso l'intuizione nata dalla pratica spirituale.

Capitolo 12

Esperienze di aspiranti spirituali

Unnikrishnan (Swami Turiyamritananda Puri)

Unnikrishnan fu il primo ad avere la fortuna di incontrare Amma e di trasferirsi presso di lei. Aveva interrotto gli studi dopo la prima media. In lui si vede un meraviglioso esempio della grazia e benevolenza di Amma. Con la grazia del Guru, anche un giovane ragazzo con poca istruzione può diventare un poeta ispirato. La vita di Unnikrishnan ne è la prova.

Dopo aver completato i brevi anni di scuola, il giovane Unni vagabondò liberamente, impegnandosi in varie attività. Nel 1976, all'età di vent'anni, senti parlare di Amma e andò da lei. Fin dal primo incontro provò una grande fede e un'intensa devozione per Amma. Da allora andò a farle visita sempre più spesso per ricevere i suoi insegnamenti. Passò così un anno, e poi Amma gli chiese di trasferirsi lì per eseguire l'adorazione giornaliera nel tempio. Gli insegnò a recitare lo *Sri Lalita Sahasranama* ogni giorno.

Da quel momento ci fu una completa rivoluzione nella sua vita. La semplice presenza di Amma gli ispirò un grande desiderio di realizzare la verità. Trascorreva i suoi giorni praticando austerità, eseguendo l'adorazione, conversando con Amma, studiando le Scritture e in altre attività spirituali. Come risultato di questo disciplinato stile di vita, gradualmente comprese che la gloriosa Madre del Bhava darshan e la dolce Madre di tutti i giorni erano in verità la stessa persona, due aspetti o manifestazioni del medesimo potere divino, interpretati per il bene del mondo. Questa comprensione stimolò ulteriormente il suo desiderio di svolgere una sadhana ed abbandonarsi ai piedi di Amma, considerandola l'unico sostegno della sua vita. Con il passare del tempo, le sue discipline spirituali si fecero sempre più rigorose; cominciò a mangiare, dormire e parlare di meno. In un occasione digiunò per diverse settimane. Durante la stagione delle piogge dormiva sulla nuda terra senza coprirsi. Quando andava in pellegrinaggio, cosa che faceva occasionalmente, viaggiava sempre solo a piedi.

Un giorno, con le lacrime agli occhi e in preda all'emozione, chiese ad Amma: "Chi è la mia vera Madre?". Guardandolo con grande tenerezza, Amma gli prese la testa e se la pose in grembo, rispondendo: "Bambino mio, tu sei mio figlio ed io sono tua madre". Unnikrishnan fu sopraffatto da un'inesprimibile beatitudine interiore. Ammirando in silenzio il radioso viso di Amma, pianse di gioia.

Per l'infinita grazia della Madre, Unnikrishnan è diventato un poeta prolifico, le sue opere sono sature di verità filosofiche e dolcezza devozionale. Una volta, quando i suoi genitori mandarono alcuni parenti a riportarlo a casa, egli rispose con i seguenti versi pieni di significato:

Avendo abbandonato da tempo la mia casa,
Se ora dovessi tornare a una vita mondana,
Ne otterrei pace di mente?
Che senso ha questa esistenza,
Fin dai tempi più remoti?

Mentre mi sto sforzando di liberarmi
Dalla suprema follia del mondo,
Perché lastricate la via dello stolto
Che porta dritto alla schiavitù del mendicante?
Posso mai accettare un tale destino?

Unni descrisse il suo primo incontro con Amma nel seguente modo:

In un tempio lontano
Ardeva una fiamma lucente
Senza estinguersi mai.
La Madre con infinita compassione era
Seduta là come un faro
Per i poveri che vagano nell'oscurità.

Un giorno arrivai in quel luogo,
E quell'incarnazione di misericordia
Mi chiamò in disparte.
Aprendo il santuario interiore,
Mi applicò la pasta di sandalo sulla fronte.
Cantando melodiosamente le lodi del Signore,
Mi accolse tra le sue braccia tenere e sante.

Avvicinandomi, un meraviglioso e divino
Sogno mi sussurrò questa verità all'orecchio:
"Perché piangi? Non sai
Che sei giunto dalla Madre dell'universo?".
Con un sussulto mi svegliai, il suo viso di loto
Indelebilmente impresso nella mia coscienza.

Una volta, in un periodo di conflitto interiore, Unnikrishnan digiunò per diverse settimane. Quando Amma venne a saperlo, smise anche lei di mangiare e di bere. Unni, non sapendolo, continuò il proprio voto. Dopo un paio di giorni, mentre eseguiva l'adorazione giornaliera, il padre di Amma lo sgridò per il suo digiuno che coinvolgeva anche Amma. Appena terminata l'adorazione, egli corse nella capanna della Madre con il cuore appesantito e gli occhi pieni di lacrime. Lei lo chiamò a sé, lo accarezzò con grande amore e guardando il suo corpo tremante disse: "Unni, figlio mio, se ti senti agitato interiormente, vieni a raccontarlo ad Amma. Non torturarti il corpo in questo modo. Per fare tapas, è necessario. Mangia almeno per sostenere il corpo". Così dicendo, si fece portare un piatto di riso e nutrì Unni con le sue mani, mangiando anche lei dallo stesso piatto.

Dopo alcuni mesi di permanenza all'ashram, Unni, che aveva il temperamento del vagabondo, decise di andarsene. Senza dirlo a nessuno, si preparò per il viaggio. Quando fu sul punto di partire, in una sera di darshan, un uomo improvvisamente andò da lui con un consiglio della Madre: "Amma dice che anche se sei pronto per andartene, non dovresti partire ora". Incapace di disobbedire alla Madre, cancellò il viaggio. Dopo un po' di tempo provò ancora una volta a partire, ma accadde la stessa cosa. Infine se ne andò davvero, ma dovette ritornare dopo un paio di giorni. Così si convinse che senza le benedizioni della Madre non poteva fare nulla.

Amma una volta disse: "I canti di Unni vengono dalla sua meditazione". Quale riconoscimento più grande ci potrebbe essere? La seguente è la traduzione di uno dei suoi canti:

Ho vagato in terre lontane portando un pesante fardello di dolore. Alla fine, arrivando da te mi sono abbandonato ai tuoi piedi di loto.

Madre, non vuoi lavare via le mie infinite sofferenze e lacrime con l'acqua del tuo amore?

Non considerare questo miserabile un peccatore; non c'è
nessun altro a questo mondo che gli possa offrire sostegno.
Incarnazione di compassione, ti prego accarezzami con la luce
di luna dei tuoi occhi meravigliosi.

O Madre, buttando via questo pesante fardello di pensieri,
lascia che mi sieda vicino a te e mi fonda in meditazione. Tu
che sei descritta nei Veda e nel Vedanta! O Madre di tutti gli
dèi e dee! Non vuoi realizzare il desiderio della mia anima di
raggiungere il Sé supremo?

O Madre, quando verrà il momento in cui rinuncerò ai
piaceri dei sensi per diventare tutt'uno con i tuoi santi piedi?

Balu (Swami Amritaswarupananda Puri)

Balu ci racconta le seguenti esperienze della grazia della Madre:
"Dopo aver terminato il college, sentii parlare di una ragazza
dotata di poteri straordinari che appariva come la Devi o Krishna.
Sebbene la mia fede nell'esistenza di Dio fosse profondamente
radicata, non ero molto interessato a vederla. Alcuni dei miei
parenti ed amici, che erano già stati da lei, ne parlavano in modo
molto elevato e facevano pressioni su di me affinché visitassi
l'ashram. Alla fine, con mente scettica, una sera andai da lei
accompagnato da mio zio. Avvicinandomi, sentii la melodia di
un canto devozionale che catturò la mia attenzione. Giunto in
prossimità di un piccolo tempio, vidi una ragazza vestita di bianco
che cantava inni pieni d'amore e devozione. Ascoltando il bhajan,
sentii che il suo cuore traboccava di amore e di beatitudine divina.
Le vibrazioni del suo canto penetrarono nel mio cuore, evocando
i più teneri sentimenti.

"Quando fu il mio turno, entrai nel tempietto dove era seduta
su un *pitham* (sgabello). Mi prostrai ai suoi piedi e quando mi

rialzai, mi afferrò la mano e mi guardò diritto negli occhi. I suoi occhi scintillavano come la luna piena. Quello sguardo penetrò in me, il suo sorriso mi paralizzò. Sul viso c'era una compassione infinita. Lentamente mi attirò la testa sulla sua spalla e dolcemente ma con enfasi disse: 'Figlio, io sono tua madre e tu sei mio figlio'. Quella dolce voce entrò nel profondo del mio cuore e fui catturato da una gioia inesprimibile. Era ciò che avevo sempre cercato! Scoppiai in lacrime. L'amore in tutta la sua purezza, le qualità materne nella loro essenza universale avevano assunto una forma. Profondamente toccato da quell'esperienza, sedetti accanto ad Amma per tutta la sera.

"Quando arrivai a casa, il giorno seguente, notai il grande cambiamento che era avvenuto in me. Diventai del tutto indifferente alle mie solite attività e il desiderio di rivederla si intensificò. Tutti i miei pensieri erano fissi su di lei. Quella notte non riuscii a dormire. Ogni volta che cercavo di chiudere gli occhi, Amma appariva di fronte a me. Il giorno seguente tornai all'ashram. Dopo il secondo incontro con Amma, il mio desiderio di spezzare i vincoli della mondanità si intensificò ancora di più. Pensavo alla Madre e sembravo un pazzo. Dimenticavo di mangiare, di dormire e di lavarmi. Smisi di vestirmi con eleganza e di pettinarmi. I miei genitori e gli altri membri della famiglia si preoccuparono per il mio cambiamento e mi proibirono di andare a Vallickavu.

"Il giorno seguente, dopo aver partecipato ai bhajan entrai nel tempio con questa risoluzione: 'Madre, se sono tuo figlio, ti prego di accettarmi'. Appoggiandomi la testa sulla sua spalla, Amma disse amorevolmente: 'Figlio, quando Amma ti ha sentito cantare, ha capito che la tua voce è fatta per fondersi in Dio. In quell'istante Amma ti è venuta vicino e ti ha reso uno con lei. Tu sei mio'.

"Una notte, mentre ero semi-addormentato, percepii una fragranza particolare pervadere la stanza. Aprii gli occhi e scoprii che il profumo era reale, non solo un sogno o un'immaginazione. Improvvisamente sentii le mani di qualcuno che mi accarezzavano la fronte. Guardai in su e con mia grande sorpresa vidi Amma in piedi dietro alla testata del letto. Non potevo credere ai miei occhi. Mi sorrise e disse: 'Figlio mio, Amma è sempre con te, non preoccuparti'. Così dicendo scomparve. L'indomani mattina corsi a Vallickavu ma Amma non c'era. Arrivò solo alle quattro del pomeriggio. Senza dire una parola, corse in casa ed uscì con un piatto di riso e mi nutrì come una madre nutrirebbe suo figlio. Mentre mi imboccava, disse: 'Stanotte Amma è venuta da te'. Pieno di gioia piansi come un bambino. In effetti quel giorno non avevo ancora mangiato nulla.

"Dopo che Amma mi diede l'iniziazione al mantra riuscii più a restare a casa. Il mio ardente desiderio di vivere in sua presenza e ricevere le sue istruzioni aumentava giorno dopo giorno. Ignorando tutti gli ostacoli creati dai miei parenti, me ne andai di casa e mi unii ai residenti dell'ashram.

"Due anni dopo, mentre ci trovavamo a casa di un devoto, all'improvviso lei mi disse: 'Balu, figlio mio, devi laurearti in filosofia'. Avevo già detto alla Madre che non avrei proseguito gli studi e che volevo solo concentrarmi su di lei. E adesso, dopo due anni, mi chiedeva di ricominciare a studiare. Sapevo per esperienza che non diceva né faceva mai niente senza uno scopo, così mi iscrissi. Ma sorse un vero problema: chi mi avrebbe insegnato? Avrei dovuto preparare otto tesine: quattro sulla filosofia indiana, che conoscevo abbastanza, e quattro sulla filosofia occidentale, che era per me una materia completamente nuova. Chiesi alla Madre dove avrei potuto trovare qualcuno che mi insegnasse.

"'Non preoccuparti per questo. Verrà qualcuno qui che ti potrà istruire. Aspetta pazientemente e vedrai'. Ma io ero irrequieto e la importunavo spesso con la stessa domanda. Dopo una settimana, un devoto mi indirizzò ad un professore di filosofia.

Andai a trovarlo e gli spiegai la situazione. Era pronto a darmi lezioni, ma rifiutò di venire all'ashram. Cercai di fargli capire le mie difficoltà a uscire dall'ashram per le lezioni. Alla fine acconsentì a visitare l'ashram, ma disse: 'Non posso restare là o darti lezioni in quel posto. Se vuoi studiare, dovrai venire a casa mia. Altrimenti lasciamo stare'. Non avendo altra scelta, acconsentii, e così per lo meno sarebbe venuto all'ashram a vedere Amma.

"Il giovedì successivo andai a prenderlo a casa sua. Quando arrivammo all'ashram, lo invitai a venire dalla Madre ma lui rifiutò. Mentre Amma era seduta per i canti prima del Bhava darshan, egli la guardava da lontano. Anche dopo l'inizio del darshan continuava a osservare da una certa distanza. Mi avvicinai e gli suggerii che, se voleva, poteva entrare nel tempio e ricevere il darshan. 'No, non mi sono mai prostrato davanti a nessuno prima d'ora. E' una cosa che non mi va', mi rispose. Così lo lasciai solo e mi sedetti a cantare. Dopo pochi minuti lo vidi precipitarsi nel tempio e sentii un grido. Si era prostrato con la faccia a terra davanti alla Madre e piangeva come un bambino. Passarono una o due ore. Quando uscì dal tempio, mi chiamò in disparte e disse: 'E' veramente una Grande Anima! Verrò qui tutte le settimane a farti lezione'. In questo modo Amma mi trovò un insegnante.

"Facendo riferimento a numerosi testi, il professore mi dettò molti appunti ma non mi spiegò nulla. Per vari motivi, non fummo in grado di continuare le lezioni regolarmente e la filosofia occidentale continuava ad essere per me una materia sconosciuta. Mancavano ormai solo tre mesi all'esame. Il professore mi dettò ancora alcune note e mi fece un riassunto generale. Poiché ero impegnato in diverse attività dell'ashram ed ero di frequente in viaggio con Amma, non avevo studiato molto ed ora mancava solo un mese all'esame. Amma mi chiese di trascrivere tutte le otto tesine in una sola seduta. Il dover sostenere contemporaneamente gli esami del primo e dell'ultimo anno mi preoccupava molto.

Dedicai tutto ai piedi della Madre e cominciai a leggere. Era ormai giunto il giorno precedente la mia partenza per Tirupati[1], dove mi ero iscritto all'Università.

"A mezzogiorno stavo preparando le mie cose quando sentii Amma che mi chiamava dalla sua stanza. Corsi da lei e la vidi infilare alcune cose in una borsa. Mise dentro l'ultima cosa e chiuse la borsa. Sul tavolo c'era un'altra grossa borsa. Con grande affetto mi disse: 'Figlio, ho preparato tutto per il tuo viaggio'. Indicando la borsa sul tavolo aggiunse: 'In quella borsa ci sono *dhoti*, camicie, asciugamani, due coperte ed altri vestiti, e in questa c'è dell'olio di cocco, il sapone, uno specchio, un pettine, il necessario per preparare una bevanda calda ed altre cose utili. Ho preparato tutte queste cose così puoi risparmiare tempo per studiare'. Non riuscii a spiccicare una parola; guardai semplicemente il suo viso amorevole. Il mio cuore traboccava di gioia. Gli occhi mi si riempirono di lacrime e scoppiai a piangere.

"Era la prima volta che mi allontanavo da lei, e sarei mancato per un mese. Il mio cuore era molto pesante. Sul treno mi sedetti in un angolo per nascondere le lacrime. Tutti i passeggeri stavano chiacchierando beatamente, ma la mia mente era piena di tristezza perché ero separato dalla Madre. Per tutto il viaggio non pensai ad altro che a lei. Il mattino seguente raggiunsi Tirupati. Le mie giornate erano piene di lancinante dolore per la separazione. Mi sentivo come un pesce fuor d'acqua. Cercavo di concentrarmi sugli studi, ma invano. Ogni minuto durava un'eternità. Non riuscivo neppure a guardare la foto della Madre. Ogni oggetto portato dall'ashram mi ricordava Amma. Non mangiavo né dormivo. Ogni giorno mi sembrava un anno. Di tanto in tanto crollavo e, incapace di sopportare la separazione, scoppiavo in lacrime. Prima che cominciassero gli esami, in qualche modo riuscii a preparare gli scritti. Non avevo nessuno con cui condividere il mio dolore.

---

[1] Una città dell'Andhra Pradesh, a più di mille chilometri dall'ashram.

"Mentre ero in quello stato ricevetti una lettera da Amma. La lessi e la rilessi innumerevoli volte e la inzuppai di lacrime. La lettera diceva:

'Caro figlio,
Tua Madre è sempre con te. Figlio, Amma non ti sente
lontano. Figlio mio, Amma vede la brama del tuo cuore e
sente il tuo pianto. Figlio mio, questo mondo è così bello.
Ci sono i fiori, il vasto oceano, gli uccelli che cinguettano,
l'immensità del cielo, gli alberi, i cespugli, le foreste, le
montagne e le valli. Dio ha creato una terra meravigliosa.
Percepiscilo in ogni cosa. Amalo in tutti gli esseri. Recidi
i legami che ti separano da Dio. Lascia che la tua mente
fluisca incessantemente verso di Lui. Figlio, non c'è niente
di cattivo in questo mondo. Tutto è bene. Guarda la parte
buona e virtuosa. Che il fiore della tua mente possa sbocciare e
diffondere la sua fragranza tutt'intorno'.

"Quella sera ero seduto fuori dalla mia stanza ad osservare gli alberi e le piante che danzavano nella brezza gentile. Il cielo era pieno di stelle scintillanti, e l'argentea luce della luna inondava la terra di splendore. Pensai: 'Questa brezza può provenire da dove vive Amma; può essere stata fortunata abbastanza da accarezzare il corpo di mia Madre. Sì, senza dubbio, mi sta portando il divino profumo della mia cara Amma. Se avessi le ali, volerei da lei'. Quella sera scrissi la seguente poesia:

Tarapathangale

O stelle, per favore, non potete scendere?
Amma è qui per cantarvi una ninna nanna.
Lei è il fiume dell'amore infinito e
L'albero che fa ombra alla mente degli aspiranti.
Fresca brezza gentile che pacata mormori

Silenziosi canti nella notte,
Cosa mi hai sussurrato all'orecchio?
Le dolci storie di mia Madre?

Il sole e la luna sorgono e tramontano lenti
Ogni giorno nel cielo azzurro.
Non avete il desiderio di vedere mia Madre,
Che vi ha donato questo divino splendore?
Alberi e rampicanti crescono abbondanti nelle
Silenti vallate solitarie e sui pendii delle colline
Quasi a volermi consolare,
I loro teneri rami danzano al vento.

"Ero in uno stato d'animo intenso e insolito. Mi aggiravo per la stanza come un matto. In qualche modo mi controllai e decisi di partire il giorno dopo. Mi restava ancora una tesina da scrivere. Avevo deciso di non presentarmi per gli esami del primo anno, che iniziavano di lì a quattro giorni. Pensai: 'Amma mi ha detto di presentarmi a tutti gli esami, ma questa volta non seguirò il suo consiglio'.

"Infine decisi di chiedere il consenso alla Madre in un modo insolito. Presi tre pezzi di carta di grandezza uguale. Sul primo pezzo scrissi: 'Figlio, ritorna'. Sul secondo scrissi: 'Prepara tutti gli scritti e poi vieni'. E sul terzo: 'Come mio figlio desidera'. Arrotolai i tre fogli in modo uguale, li mescolai e poi presi la foto di Amma dalla borsa. Le offrii umilmente i tre pezzi di carta con questa preghiera: 'Madre, pescherò uno di questi foglietti. Fammi conoscere la tua volontà, qualunque essa sia'. Ad occhi chiusi, presi un foglietto con la mano che mi tremava. Lo aprii. Ahimè! Era quello sul quale avevo scritto: 'Prepara tutti gli scritti e poi vieni'. Non soddisfatto dal primo tentativo, provai ancora, ma estrassi lo stesso messaggio. La mia mente, comunque, desiderava così tanto vedere Amma che decisi comunque di partire il giorno seguente.

"L'indomani, prima di aver dato l'ultimo degli esami finali, mi affrettai a preparare le mie cose, e stavo per partire quando improvvisamente notai qualcosa in un angolo della stanza. Erano alcuni vecchi giornali che avevo utilizzato per avvolgere delle cose portate dall'ashram, e un pezzo di plastica di un contenitore di sapone rotto. Pensai: 'Quanto era intenso il mio dolore quando mi sono separato da Amma. Forse anche questi oggetti hanno condiviso quel dolore; sarebbe un peccato lasciarli qui'. Così misi accuratamente anch'essi nella borsa.

"Il giorno seguente raggiunsi l'ashram. Mentre mi incamminavo verso la stanza della Madre vidi mio fratello Venu. Stupito, mi disse: 'Ieri sera Amma mi ha detto che eri molto irrequieto e che saresti arrivato oggi'. Entrai nella stanza di Amma e caddi ai suoi piedi piangendo. Lei mi tirò su e mi consolò dicendo: 'Figlio, conosco il tuo cuore. Questo amore è buono, ma cerca di acquisire maggiore forza mentale. Un sadhak dovrebbe essere tenero come un fiore e duro come un diamante. Devi tornare e preparare gli altri scritti. Anche se non sarai promosso, Amma non sarà dispiaciuta. Parti domani e torna quando gli esami saranno terminati'.

"Così il mattino seguente tornai a Tirupati. Dopo una settimana, terminati gli esami, ritornai all'ashram. Non ero soddisfatto delle risposte che avevo dato e temevo perfino di essere bocciato. Con calma Amma disse: 'Dimentica tutto. Non dubitare. Sarai promosso'. Quando i risultati furono resi noti, fui sorpreso di vedere che avevo superato gli esami a pieni voti. Stare alla presenza della Madre è in sé una forma di tapas. C'è sempre qualcosa di nuovo e genuino. In ogni momento si sperimentano intuizioni che conducono il devoto attraverso differenti aspetti della spiritualità, facendolo evolvere da un piano all'altro. Negli stadi iniziali della mia vita spirituale, a volte credevo di aver compreso Amma, ma più tardi mi resi conto che non avevo capito proprio nulla".

Venu (Swami Pranavamritananda Puri)

Venu è il fratello di Balu. Persero la madre da bambini: Balu crebbe in casa del padre e Venu fu allevato dalla zia in un'atmosfera religiosa e spirituale. Venu era il prediletto e non sperimentò mai la perdita dell'amore e dell'affetto materno. Dopo aver completato le scuole dell'obbligo all'età di quindici anni, si trasferì a casa del padre per continuare gli studi in una scuola locale. Benché avesse manifestato un'inclinazione per la spiritualità fin da molto giovane, durante gli anni delle scuole superiori condusse una vita materialistica. Anche allora, ogni volta che vedeva un film devozionale o un monaco con l'abito color ocra, la sua indole spirituale assopita veniva stimolata.

Quando Venu frequentava le scuole superiori, suo fratello Balu aveva già incontrato Amma e si era dedicato alla spiritualità. Benché Balu gli parlasse spesso della Madre, Venu vi prestava poca attenzione. Oltre a ciò, scherniva apertamente Amma: "Non mi avvicinerò a quella pescatrice". Tuttavia, ancora prima di aver visto Venu, Amma predisse a Balu: "Anche tuo fratello è figlio mio. Anche lui verrà qui". A queste parole Balu si preoccupò un po' perché era già successo un tumulto nella sua famiglia per via della sua decisione di abbandonare la casa e la vita mondana. Cosa sarebbe accaduto se anche Venu lo avesse seguito? Tuttavia la volontà divina è suprema, oltre il reame di una visione ordinaria. Ciò che è destinato, inevitabilmente accadrà.

Mentre Venu frequentava l'ultimo anno della facoltà di scienze, un giorno Amma visitò la casa di sua zia. Quando Venu arrivò a casa, Amma era in piedi sulla veranda. Senza degnarla di uno sguardo, lui andò diritto in camera sua, dove erano seduti Srikumar e qualche altro residente dell'ashram.

Improvvisamente e inaspettatamente Amma si avvicinò a Venu e, prendendogli le mani come una madre amorevole, disse: "Non sei tu mio figlio fratello di Balu? Amma desiderava tanto vederti". Il cuore di Venu si sciolse, e lui si rese conto in un attimo che Amma non era una persona ordinaria, ma una sorgente di amore materno e di tenerezza. Venu si sentì attratto da lei come un pezzo di ferro da una calamita. Nel pomeriggio, quando Amma diede da mangiare a tutti, anche Venu ricevette una pallina di riso. Era profondamente commosso nel vedere il suo infinito amore, la sua visione equanime e la sua innocenza infantile. Il suo viso era radioso ed emanava una luce spirituale. Il suo modo chiaro di spiegare i misteri spirituali, i suoi bhajan estatici ed affascinanti, e soprattutto la sua assoluta umiltà lo impressionarono profondamente. In breve tempo, Venu si sentì conquistato. Anche quando Amma parlava ad altri, a Venu sembrava che stesse rispondendo ai dubbi che erano affiorati nella sua mente.

Il primo incontro con Amma lasciò una profonda impressione nella mente di Venu, e tutti i pregiudizi circa Amma e la vita spirituale svanirono. Il suo ardente desiderio di vedere Amma aumentava ogni giorno. Infine, nel febbraio del 1980, arrivò a Vallickavu. Quando vide Amma scoppiò in lacrime; lei lo abbracciò e lo fece sedere accanto a sé. Quella sera, quando Venu entrò nel tempio durante il *Krishna Bhava*, sentì di essere di fronte al Signore Krishna in persona. La mente sopraffatta dalla gioia, non riusciva né a piangere né a ridere. Pregò Amma di benedirlo donandogli pura devozione e conoscenza e lei gli disse: "Figlio, otterrai ciò che cerchi". Poi gli diede un mantra scritto su un foglietto e una ghirlanda di foglie di tulasi.

Dopo il suo primo incontro con Amma, perse ogni desiderio di proseguire gli studi; voleva solo condurre una vita spirituale. Su insistenza della Madre si preparò per gli esami che sarebbero iniziati di lì a un mese. I professori e gli studenti furono stupiti nel veder arrivare Venu con la testa completamente rasata e la cenere sacra sulla fronte. Pensarono che fosse diventato matto. La sua mente era completamente immersa nel ricordo della Madre, al punto che inavvertitamente si era preparato per l'esame del giorno successivo, non per quello di quel giorno. Comunque, in qualche modo riuscì a completare gli esami e andò a vivere con Amma nel settembre del 1980.

Un giorno, in occasione di una festività, nell'ashram si preparò un budino dolce. Era consuetudine offrirlo a Dio prima di distribuirlo ai devoti. Venu ne riempì un bicchiere e lo pose sul piccolo altare davanti al tempio. Non trovando altro per coprire il recipiente, si guardò intorno per assicurarsi che Amma non fosse nei paraggi e strappò una foglia da una pianticella che cresceva lì vicino. Ma lei lo vide da lontano e gridò: "Ehi, Venu!". Sentendo la voce della Madre, cercò di nascondere la foglia, ma nella fretta rovesciò tutto il budino sulla sabbia. A quel punto Venu era completamente nei pasticci e, cercando di nascondere il tutto, raccolse il budino dalla sabbia e lo mise nel bicchiere, pur sapendo che sbagliava a rimetterlo al suo posto.

Amma, che aveva assistito a tutta la scena da lontano, si avvicinò e gli disse con tono serio: "Figlio, non lo mangerebbe nemmeno un cane, figuriamoci un essere umano. Allora come hai potuto offrirlo a Dio? Figlio, tu lo mangeresti? E' una vera colpa. Dio accetterà qualunque cosa gli venga offerta con puro amore e devozione, senza badare a cosa sia. Lui vede soltanto l'attitudine che sta dietro all'offerta. Se tu fossi stato davvero inconsapevole, non me ne sarebbe importato, ma l'hai fatto sapendo perfettamente che era sbagliato. Non solo: hai commesso un altro errore strappando una tenera foglia da quella pianticella. Quanto sei crudele! Vedo la pianta che piange di dolore. Se qualcuno ti pizzica, come ti fa male! Figlio, anche se tu non percepisci il suo dolore, Amma lo sente".

Venu riconobbe il proprio errore e si pentì. Chiese perdono e Amma gli disse: "Figlio, qualunque errore tu commetta, lo considero colpa mia. La Madre non è arrabbiata con te ma, per condurti verso perfezione, deve fingere di esserlo". Venu dice: "Non si può nascondere nulla ad Amma. Sa tutto. Qualche anno fa ebbi un'esperienza che lo dimostra. Una sera durante la cena, mentre tutti mangiavano *kanji*[2] ebbi improvvisamente un forte desiderio di manghi sott'aceto. Ne avevo visti nella cucina dell'ashram ma, siccome erano destinati ai lavoratori e ai devoti in visita, noi residenti non avevamo il permesso di prenderli. Inoltre, Amma ci aveva detto che, come aspiranti spirituali, non dovevamo mangiare cibi troppo piccanti, agri, salati o dolci. Spesso entrava in cucina all'improvviso per vedere se le sue istruzioni venivano seguite. Pur essendo pienamente consapevole di questo, il desiderio dei sottaceti ebbe la meglio su di me.

"Senza fare rumore, entrai in cucina e furtivamente rubai due grossi pezzi di mango. Stavo per andarmene quando improvvisamente udii la voce della Madre: 'Venu, cos'hai in mano?'. Ero scioccato e, per evitare di essere colto sul fatto, gettai via i pezzi di mango. Allora Amma si mise a cercare e dopo averli trovati mi afferrò le mani e le legò ad un palo. Ero in preda alla vergogna e alla paura".

Vedendo la sua paura infantile e la sua innocenza, Amma scoppiò a ridere. In effetti, lei si divertiva a guardare Venu legato come il piccolo Krishna fu legato dalla madre Yashoda per aver rubato il burro e il latte dalle case delle gopi. Qualche attimo dopo Amma lo slegò e gli offrì amorevolmente alcuni pezzi di mango dicendogli: "Figlio, solo se il gusto della lingua viene controllato si può assaporare il gusto del cuore".

La Madre ha i suoi metodi per dissolvere le tendenze negative dei suoi figli spirituali. A volte dice: "Sono una pazza ragazza che non sa niente". Finge di essere un'ignorante, innocente ragazza di villaggio, ma i suoi occhi penetrano la verità di ogni cosa.

---

[2] Riso bollito, servito nella sua acqua di cottura.

Quando il difetto è individuato, allora si manifesta in lei il grande insegnante venuto ad istruire lo studente nel modo adatto, nascondendo momentaneamente le sue qualità materne.

Srikumar (Swami Purnamritananda Puri)

Srikumar era un ingegnere elettronico prima di incontrare Amma. Mentre studiava ancora, nel 1979, sentì parlare di una donna che poteva assumere stati divini e benedire i devoti in vari modi a seconda dei loro problemi. Sebbene credesse in Dio, egli dubitava che la divinità potesse manifestarsi attraverso un essere umano. Osservando la natura di questo mondo dove pochi sono felici e la maggioranza soffre, la sua fede in un Dio generoso era diminuita. Decise infine di vedere di persona se Amma possedeva o meno dei poteri divini.

Venne all'ashram nel marzo del 1979 con mente scettica ed entrò nel tempio avvicinandosi alla Madre. Il suo sguardo amorevole e compassionevole penetrò nel profondo del cuore di Srikumar. La sua semplice presenza lo trasportò in un altro mondo dove esistevano solo Dio, il suo sacro nome ed egli stesso, immemore di tutto quello che lo circondava. Questa esperienza lo legò alla Madre, e nella sua mente ci fu posto solo per lei.

Del suo secondo incontro con Amma, Srikumar dice: "Alcune persone la chiamavano 'figlia' (kunju) e altre 'Madre' (Amma). Dopo il Bhava darshan, stava parlando con i devoti; all'improvviso cominciò a comportarsi come una bambina piccola e innocente. Giocava con i devoti i quali, vedendo i suoi modi innocenti, si dilettavano dimenticando ogni altra cosa. A volte cantava e danzava e un attimo dopo, udendo un canto, piangeva e sedeva immobile come se non fosse più di questo mondo. Alcuni si inchinavano davanti a lei ed altri le baciavano la mano; altri ancora cantavano bhajan. Poi, come impazzita, si rotolava per terra e rideva". All'inizio, Srikumar pensava che Amma venisse temporaneamente posseduta dalla Madre Divina Kali e anche da Krishna, ma gradualmente, standole vicino, comprese che in effetti manifestava la propria identità interiore con la Realtà suprema. Il rapporto di Srikumar con Amma si rafforzava giorno per giorno. Diventò molto difficile per lui restarle lontano. Ogni volta che aveva un po' di tempo, lo trascorreva con lei. A volte Amma lo nutriva con le sue stesse mani e allo stesso tempo gli dava degli insegnamenti spirituali. Un giorno lei gli chiese: "Amma ti ha dato un mantra da ripetere?". Egli rispose: "Sì, era scritto su un piccolo pezzo di carta e mi è stato dato per migliorare negli studi". La Madre allora gli disse: "Figlio, Amma ti inizierà durante il Devi Bhava". Quella sera Srikumar fu iniziato con un mantra e da quel momento decise di dedicare la sua vita alla spiritualità sotto la guida di Amma.

Sebbene i genitori di Srikumar fossero devoti di Amma, non volevano che diventasse monaco. La loro obiezione era dovuta principalmente al fatto che il padre era pensionato e la sorella non era ancora sposata. Così gli trovarono un impiego a Bangalore, a circa seicento chilometri. In certi giorni, quando il suo cuore infranto desiderava intensamente esserle vicino, Amma gli appariva in visione. Per consolarlo, ogni tanto Amma gli mandava una lettera. Fu in questo periodo che Srikumar compose il seguente canto:

Arikil undenkilum

O Madre, anche se sei vicina,
Io vago, incapace di conoscerti.
Anche se ho gli occhi
Ti sto cercando ma non ti vedo.

Sei forse la bella luna
Che risplende nella notte invernale?

Io sono l'onda che,
Incapace di raggiungere il cielo,
Si infrange contro la riva.

Quando ho compreso la verità
Che tutti gli agi del mondo sono senza valore,
Ho desiderato ardentemente conoscerti,
Versando lacrime giorno e notte.

Non vuoi venire a confortarmi,
Io che porto un fardello di dolore?
Desiderando il tuo arrivo
Aspetto ininterrottamente.

L'intenso desiderio di vedere Amma e di stare con lei spinse Srikumar a tornare a casa ancor prima della fine del suo primo mese a
Bangalore. Era febbricitante e fu ricoverato immediatamente in
ospedale. La sua brama di vedere Amma continuò ad aumentare
finché una mattina, alle quattro, ebbe una meravigliosa esperienza. "Mio padre era uscito per prendermi un po' di caffè. Ero
solo nella stanza quando all'improvviso sentii le mani e le gambe
paralizzate. Una brezza fresca e gentile mi accarezzava, e con mia
grande sorpresa, vidi Amma entrare nella stanza. Con un sorriso
benevolo camminò verso di me. Cominciai a piangere come un
bambino. Lei si sedette accanto a me e si appoggiò la mia testa in
grembo. Non disse nulla. Ero sopraffatto dall'emozione. Le parole
mi si bloccarono in gola. Dal corpo della Madre, circondato da
una luce divina, irradiò uno splendore che inondò la stanza. In
quel momento la porta si aprì ed entrò mio padre. Amma svanì
immediatamente".

Una mattina di alcuni giorni dopo, Amma andò in visita alla
casa di Srikumar. Era seduta davanti alla casa a giocare con alcuni
bambini quando improvvisamente si alzò e si mise a camminare

attraverso i campi in direzione est, con le mani che formavano un mudra. Dopo aver camminato per un po', entrò in una zona boschiva dove una certa famiglia eseguiva l'adorazione dei serpenti. In uno stato semi-cosciente e con gli occhi semi chiusi, Amma lanciò un affascinante sorriso e si sedette sull'altare costruito per l'adorazione. Si riunirono parecchie persone per vedere questo spettacolo insolito. Altri invece avevano paura di entrare nella foresta, nota per i serpenti velenosi. Sentendo la notizia, arrivarono anche i proprietari del terreno e si fermarono davanti alla Madre con le mani giunte.

Le chiesero: "Madre, compiamo l'adorazione senza interruzione. Dobbiamo fare altro?". Amma rispose: "Portate qui un bicchiere di acqua fresca tutti i giorni; basterà quello". Quando Amma tornò alla casa, la famiglia le chiese: "Madre, che cosa ti ha spinta ad andare là?". Lei rispose: "L'adorazione dei serpenti continua da molto tempo in quel luogo. Amma è andata là per soddisfare il desiderio delle divinità di quella foresta. Dal momento in cui sono arrivata qui ho avuto la sensazione che mi stessero chiamando".

Poco dopo questo fatto, i genitori di Srikumar gli trovarono un lavoro a Bombay. La loro insistenza fu così pressante che Srikumar non ebbe altra scelta. Con grande riluttanza partì per Bombay, ancora una volta separato dalla Madre. Mentre viaggiava sul treno percepì intensamente la presenza di Amma. In uno stato tra la veglia e il sonno, aveva costanti visioni di lei e si dilettava nella beatitudine della sua presenza divina. Alla fine, dopo otto mesi fu incapace di sopportare ulteriormente la separazione e si licenziò.

Durante il suo soggiorno a Bombay, Srikumar scrisse questa composizione poetica che rivela la pena del suo cuore:

Azhikulil

Il sole è tramontato ad ovest sull'oceano
Ed il giorno ha iniziato il suo lamento...
E' solo il gioco dell'Architetto universale.
Allora perché dovreste essere depressi,
Fiori di loto che vi chiudete?

Questo mondo, pieno di miseria e dolore
E' solo un dramma di Dio, ed io, lo spettatore,
Sono solo un burattino di legno nelle sue mani
Senza lacrime da versare.

Come una fiamma, la mia mente sta bruciando
Per la separazione da te
In questo oceano di dolore.
Sono sballottato
Incapace di raggiungere la riva.

Già prima di arrivare dalla Madre e di dedicarsi seriamente alla vita spirituale, Srikumar era solito avere esperienze sul piano astrale dell'esistenza. Mentre era sdraiato, sentiva il corpo sottile emergere dal corpo fisico e compiere viaggi astrali. In quei momenti, anche se aveva gli occhi chiusi poteva vedere chiaramente il mondo oggettivo.

Durante il suo soggiorno a Bombay, Srikumar ebbe un'emozionante esperienza. Era giorno e si stava rilassando con gli occhi chiusi dopo la meditazione. Improvvisamente il suo corpo diventò rigido. Sentì che la sua forma sottile si separava da quella grossolana e immediatamente udì un suono tonante, seguito da un riversarsi di ondate di fumo nell'atmosfera, in mezzo alle quali vide la figura di Amma, vestita con abiti colorati come nel Devi Bhava. La gloriosa figura della Madre gli riempì la mente

219

di timore reverenziale. Trascorse così alcuni minuti ammirando questa sublime visione, incapace di muoversi o di aprire gli occhi.

Il 28 gennaio 1980, Srikumar stava per andare a casa a far visita ai suoi genitori quando Amma lo fermò dicendogli: "Resta qui; non andare da nessuna parte oggi."

Srikumar racconta: "Fui felice di sentire queste parole e cancellai i miei piani. Verso le sei del pomeriggio ero fuori a parlare con alcune persone quando improvvisamente qualcosa mi morse la gamba. Urlai di dolore e Amma, udendo il mio grido, arrivò di corsa. Trovò immediatamente la ferita e succhiò il sangue e il veleno sputandoli. Ciò nonostante, il dolore si fece insopportabile. Vedendomi rotolare a terra per l'atroce dolore, Amma cercò di consolarmi. Poi, su insistenza degli altri, permise che mi portassero da un dottore specializzato in morsi di serpente, che disse: 'Il serpente che ti ha morso era molto velenoso ma stranamente sembra che il veleno non abbia intaccato né il corpo né il sangue'. Con le amorevoli ed affettuose cure della Madre mi addormentai verso le tre del mattino, e soltanto allora Amma si ritirò.

"L'indomani Amma mi disse: 'Figlio, dovunque ti fossi trovato, eri destinato ad essere morso da un serpente. Comunque, poiché è accaduto in presenza di Amma, non ne è risultato nulla di serio. E' per questo che Amma ti ha impedito di allontanarti da qui ieri'. Più tardi, dopo essere tornato a casa, controllai il mio oroscopo e rimasi sorpreso nello scoprire che vi era scritto qualcosa riguardo all'incidente: 'All'età di ventidue anni, c'è la possibilità di un avvelenamento. Perciò, dovrebbe essere eseguita una speciale adorazione nel tempio'".

Per grazia di Amma, Srikumar ebbe molte esperienze spirituali che lo ispirarono a continuare la sadhana con sempre maggiore entusiasmo. Dopo aver preso certi provvedimenti per i genitori e la sorella, si trasferì permanentemente all'ashram.

Ramakrishnan (Swami Ramakrishnananda Puri)

Ramakrishnan è figlio di genitori brahmini di Palghat, in Kerala. Nel 1978, quando era un impiegato della State Bank di Travancore, sentì parlare di Amma da un suo amico. Una sera venne ad incontrarla. Sebbene fosse nato e cresciuto in una famiglia ortodossa, Ramakrishnan stava prendendo una brutta strada per l'influenza di cattive compagnie alle scuole superiori. Quando vide Amma scoppiò in lacrime. La sua durezza interiore si ammorbidì finché tutto venne lavato via in quelle lacrime purificatrici. Dopo quella volta, veniva a quasi tutti i darshan per vedere Amma nei Bhava divini. Piangeva come un bambino e la pregava di concedergli la visione di Madurai Minakshi, la sua divinità prediletta. A volte digiunava addirittura, afflitto per non aver avuto quella visione. In quelle occasioni Amma lo nutriva con del budino dolce senza neppure accennare al suo digiuno. Piangendo con intenso struggimento mentre appoggiava la testa in grembo alla Madre durante il Devi Bhava, le chiedeva: "Amma, verrai da me domani? Fammi almeno sentire il tintinnio delle tue cavigliere". La Madre esaudì le sue umili preghiere donandogli molte visioni della sua divinità prediletta. A volte udiva il tintinnio delle cavigliere di Amma e vedeva la Madre Divina; altre volte percepiva un profumo divino nell'atmosfera.

Ci furono due eventi significativi che ispirarono Ramakrishnan ad abbandonare la vita del mondo per intraprendere quella della rinuncia e della spiritualità. Il primo risale a quando ricevette l'iniziazione dalla Madre. Quel giorno percepì che Amma gli trasmetteva un indicibile potere spirituale, che cambiò radicalmente la sua concezione del significato e dello scopo della vita. Il secondo fu questo:

Un giorno, mentre gli faceva vedere un ritratto di Sri Ramakrishna Paramahansa gli disse: "Avete entrambi lo stesso nome, però tu sei diventato così". Queste parole della Madre penetrarono nei recessi più reconditi del suo cuore, come se lo colpisse un fulmine, e rafforzarono il suo desiderio di diventare un vero aspirante spirituale.

Una sera d'estate Ramakrishnan andò al darshan durante il Devi Bhava. Nel tempio il caldo era insopportabile e la Madre gli chiese di farle vento, ma egli esitò, perché c'era un gruppo di ragazze proprio fuori dal tempio. Pensò tra sé: "Se un ragazzo come me, un impiegato della State Bank, si mette a fare vento a una donna, rideranno di me". Così pensando non esaudì la richiesta di Amma. Ma mentre usciva dal tempio dopo il darshan, sbatte la testa con violenza sullo stipite di legno dell'entrata. A quella scena tutte le ragazze scoppiarono a ridere. Ramakrishnan impallidì, pieno di vergogna. Il giorno dopo quando andò al darshan, Amma lo chiamò e gli disse: "Ieri non mi hai fatto vento neppure dopo che te l'ho chiesto, così ho pensato che ti avrebbe fatto bene renderti ridicolo davanti a quelle ragazze delle quali temevi i commenti!". Dal darshan successivo, Ramakrishnan non si lasciò più sfuggire l'occasione di far vento ad Amma, anche senza che gli venisse chiesto.

Una volta Ramakrishnan fu trasferito in una succursale della banca a Pampakuda, a circa cento chilometri dall'ashram. Era compito suo custodire la chiave della cassaforte ed essere puntuale alle dieci. Un mattino, lasciando l'ashram dopo il darshan domenicale, Ramakrishnan salì sull'autobus e arrivò ad una fermata a circa tredici chilometri dall'ufficio. Informandosi sulle coincidenze, scoprì che non c'era nessun autobus prima delle dieci. Allora cercò un taxi, ma non ce n'erano. Preoccupato, gridò: "Amma!". Un attimo dopo arrivò un uomo in motocicletta e si fermò di fronte a lui. Non l'aveva mai visto prima. Rivolgendosi a Ramakrishnan, l'uomo disse: "Sto andando a Pampakuda. Non ci sono autobus fino alle dieci così, se vuoi, ti porto io". Ramakrishnan salì sul sellino posteriore e arrivò all'ingresso della banca alle dieci in punto! Quando Ramakrishnan ne parlò con Amma, lei gli disse: "Se fatta con concentrazione, una chiamata è sufficiente. Dio la sentirà".

Nel 1981 Ramakrishnan ebbe un'esperienza che gli servì da lezione sull'obbedienza al Maestro spirituale. Per paura che si facesse monaco in seguito alle sue assidue visite all'ashram, i genitori cercarono di farlo trasferire presso una succursale della banca nella sua città natale, vicino a loro. In seguito alla costante pressione, alla fine egli inoltrò la domanda di trasferimento senza chiedere il consiglio o il permesso di Amma. Qualche giorno dopo cambiò idea e spedì una lettera ai superiori chiedendo di ignorare la richiesta precedente.

Un giorno Amma gli disse: "Informati sulla seconda lettera che hai spedito. Non è arrivata alla banca". Ramakrishnan rispose: "Non è necessario, Madre. Devono averla ricevuta e accettata". Amma insistette diverse volte che si accertasse, ma Ramakrishnan non prese sul serio le sue parole.

Non molto tempo dopo arrivò l'ordine di trasferimento dalle autorità di Trivandrum, la sede centrale della banca. Ramakrishnan si affrettò dai superiori, ma era troppo tardi. Come aveva detto Amma, non avevano ricevuto la richiesta di ignorare la domanda di trasferimento. Era andata persa. In questo modo Ramakrishnan imparò l'amara lezione che anche le affermazioni apparentemente insignificanti del proprio Guru non dovrebbero essere ignorate.

Un giorno, nel mezzo di una conversazione, Amma si girò verso Ramakrishnan aggrottando la fronte e disse: "C'è qualcuno che guarda ancora le ragazze perfino dopo aver abbracciato una vita di rinuncia". Lui chiese: "Chi, Madre?".

"Tu!", rispose Amma.

Ramakrishnan rimase scioccato: "Cosa, io? Io non guardo mai le donne! Amma mi sta sgridando senza che io ne abbia colpa".

Un attimo dopo Amma fece il nome di una donna che lui conosceva molto bene, e continuò citando tutti i dettagli che la riguardavano: il nome del marito, dei figli e degli altri membri della famiglia. Ramakrishnan rimase sbalordito, con la bocca spalancata. L'esatta descrizione e gli altri dettagli su una donna che Amma non conosceva lo zittirono. Ella gli chiese ancora: "Ehi, Ramakrishnan, di' la verità! Non la guardi tutti i giorni?". Ramakrishnan rimase in silenzio. Era vero che guardava ogni giorno quella donna, ma solo perché esteriormente assomigliava molto alla Madre. Guardandola, sentiva di guardare lei. Quando lo vide ammutolito, con la testa china, Amma scoppiò a ridere. E' inutile dire che dopo questo episodio Ramakrishnan non guardò più quella donna.

Questo episodio dimostra chiaramente come Amma osservi da vicino le azioni e i pensieri dei suoi figli spirituali e li istruisca di conseguenza.

Prima che l'ashram fosse ufficialmente registrato come istituzione caritatevole, solo in pochi avevano il permesso di risiedervi. A quei tempi, per mancanza di fondi non ci si poteva prendere cura dei bisogni di molte persone. Alcuni brahmachari facevano affidamento su Ramakrishnan per il cibo e i vestiti. Poiché era ancora impiegato, egli andava con gioia incontro alle loro necessità, senza che nemmeno glielo chiedessero.

Nei primi tempi dell'ashram, Ramakrishnan pensava che Amma fosse due esseri distinti: il suo sé usuale e l'Essere divino durante il Bhava darshan. Quest'idea fece sorgere molta confusione nella sua mente e spesso si sentiva miserabile pensandola in questo modo. Poi chiese ad Amma di aiutarlo a vederci chiaro. Una notte ebbe una visione della Madre nel suo stato solito, vestita di bianco. Questo accadde prima che Amma si vestisse di bianco. Dopo questa visione egli comprese che Amma era essenzialmente la stessa persona, qualunque fosse il suo stato d'animo.

La fede di Ramakrishnan in Amma si rafforzò e la sua mente gradualmente si fissò sulla sua forma e sul suo nome. Questo gli creò molti problemi nell'ambiente lavorativo; qualche volta faceva degli errori nella contabilità della banca. Nel 1982 andò a vivere all'ashram continuando in qualche modo il suo lavoro in ufficio. Nel 1984 si licenziò per trasferirsi permanentemente all'ashram.

Rao (Swami Amritatmananda Puri)

Ramesh Rao era nato ad Haripad, nel Kerala, in una ricca famiglia di brahmini. Crebbe come un giovane moderno godendo dei piaceri mondani, seguendo uno stile di vita ribelle. Sebbene immerso nella vita materialista, si recava in un vicino tempio della Devi a pregare e a pentirsi della propria condotta dissoluta. Prima di intraprendere qualunque azione, buona o cattiva, andava a pregare nel tempio cercando la benedizione della Madre Divina.

Una volta un amico lo invitò all'ashram della Madre, ma egli si rifiutò di andarci. Più tardi, desiderando trasferirsi all'estero per lavoro, decise di recarsi all'ashram per conoscere il proprio futuro, avendo sentito dire che Amma aveva poteri divini ed era in grado di prevedere il futuro. Così, nel giugno del 1979 entrò nel tempio e si avvicinò ad Amma durante il Krishna Bhava. Lei gli sorrise, gli prese la testa e se la mise sulla spalla. Poi gli bisbigliò all'orecchio: "Figlio, so che stai cercando di ottenere un lavoro oltremare". Lui rispose eccitato: "Sì, sì!", ma lei disse categoricamente: "Non ci riuscirai".

Ramesh si convinse della divinità di Amma fin dal primo incontro e si sentì legato a lei da un intenso amore divino. Tornando a casa, cercò di concentrare la mente sul negozio di stoffe ereditato dal padre ma non ci riuscì, perché la sua mente era occupata solo dal pensiero della Madre. A volte la sua brama di vederla era così intensa che chiudeva il negozio e correva all'ashram. Un giorno, mentre si stava congedando da Amma per tornare a casa, lei gli disse: "Figlio, dove vai? Il tuo destino è qui".

Una notte Ramesh fece un sogno. Era arrivato il momento della dissoluzione finale dell'universo, e globi di fuoco piovevano da tutte le parti. Le onde dell'oceano si alzavano fino al cielo e minacciavano di inondare la terra. Raccogliendo tutte le forze, Ramesh gridò: "Amma!". Improvvisamente dall'oceano in tumulto si levò uno splendore diffuso che si espanse in tutte le direzioni. Da quello splendore emerse l'incantevole forma della Madre Durga vestita con un sari di seta rosso, seduta su un feroce leone, impugnando un'arma divina in ognuna delle sue otto mani. Ramesh fu pieno di meraviglia nello scoprire che il compassionevole volto della dea era quello di Amma, che lo consolò dicendo: "Perché temere quando sono con te? Tu sei mio figlio. Non ti preoccupare". Da allora Ramesh ebbe molte visioni della Madre in sogno.

Frequentando Amma, il suo impulso interiore di realizzare Dio e di vivere in sua presenza si intensificò. Un pomeriggio, alle quattro, Ramesh era andato come al solito a vedere Amma, che era seduta nel tempietto. Entrò e, dopo essersi prostrato davanti a lei, le si sedette vicino. Mentre osservava il suo volto radioso, all'improvviso l'intera atmosfera del tempio cambiò. Il mondo della pluralità svanì e lui vedeva solo Amma. Capì che Amma era sua Madre e si sentì come un bimbo di due anni. Ebbro di amore divino, Ramesh dimenticò il mondo. Amorevolmente, Amma gli fece appoggiare la testa sul proprio grembo. Sapendo che Rao era immerso nella beatitudine interiore, gli sollevò gentilmente il capo e chiese ad alcuni devoti di sdraiarlo sul pavimento del tempio. Alle nove di sera Amma ritornò nel tempio e lo trovò ancora sdraiato in quello stato. Ritornò alla coscienza normale soltanto sentendo Amma che lo chiamava.

In seguito a questo evento, la vita di Ramesh cambiò drammaticamente. Il suo ardente desiderio di vedere Amma aumentò. Non si interessava più alle cose mondane. Smise di andare in negozio. Le sue visite alla Madre divennero frequenti. Passava giorni e settimane intorno ad Amma. Questo improvviso cambiamento creò ansia nella sua famiglia. I parenti concentrarono gli sforzi per riportarlo alla vita mondana e persuaderlo a sposarsi, ma tutti i loro tentativi fallirono. Un giorno Amma disse a Ramesh: "Figlio, i tuoi genitori desiderano vederti. Vai a casa e fatti dare il permesso di restare qui". Ramesh disse: "Madre, mi stai abbandonando? Mi creeranno dei problemi". Amma replicò: "Un uomo coraggioso è in grado superare tutte le difficoltà".

Amma mandò Rao a casa accompagnato da un altro residente dell'ashram. I membri della sua famiglia lo trattennero con la forza. Pensavano che Amma lo avesse influenzato usando qualche potere malefico. Eseguirono dei rituali speciali per persuaderlo a tornare alla vita mondana. I genitori insistettero che Rao mangiasse uno speciale tipo di *ghi* (burro chiarificato), preparato da un sacerdote usando dei mantra specifici per fargli lasciare l'ashram e tornare alla vita mondana. Ramesh chiese consiglio ad Amma e lei disse: "Figlio, mangialo. Se contiene qualcosa di negativo, lascia che sia. Anche se lo mangi non ti accadrà nulla".

Obbedendo alle sue parole, Ramesh lo mangiò e non accadde nulla. La sua sete di vita spirituale non si indebolì. I familiari allora cambiarono tattica. Divennero più duri e disumani. Conclusero che l'improvviso cambiamento del figlio dipendesse da qualche anomalia mentale nata dalla delusione per non aver trovato lavoro all'estero. Così, con l'aiuto dei suoi amici, anch'essi contrari alla sua nuova vita, lo portarono con la forza da uno psichiatra.

Ramesh disse al medico: "Io non sono pazzo e seguirò alla lettera le parole del mio Guru. Sei tu che sei pazzo per questo mondo ed è per questo che cerchi di imporre anche agli altri la tua follia". Dietro insistenza dei parenti, il dottore si occupò di Rao per dieci giorni. Il loro obiettivo era creare in lui un'attrazione per la vita mondana. Perciò, subito dopo il trattamento psichiatrico, decisero di mandarlo a Bhilai, dove vivevano dei parenti, pensando che un nuovo ambiente lo avrebbe aiutato a ritornare al suo vecchio modo di vivere. Cercarono inoltre di trovargli una sposa adatta.

Trovandosi mentalmente in difficoltà, Ramesh scrisse alla Madre: "Amma, fino ad ora non ho ceduto alle loro futili tentazioni, ma se adesso Amma non mi protegge, mi unirò a te in cielo. Mi suiciderò".

Dopo un mese di soggiorno a Bhilai, Rao fu riaccompagnato a casa sua; la famiglia era convinta che avesse abbandonato le aspirazioni spirituali. Lo esortarono a occuparsi degli affari ma un giorno, senza che nessuno lo sapesse, Rao andò da Amma e la implorò: "Madre, se mi abbandoni morirò". Senza attendere la sua risposta, ritornò a vivere all'ashram. Durante i tre giorni di permanenza, Amma lo avvertì diverse volte che i parenti erano intenzionati a creargli complicazioni e gli consigliò perfino di tornare a casa in attesa di ottenere il loro consenso. Ma Rao non prestò attenzione e disse: "Se torno a casa non mi lasceranno continuare le mie pratiche spirituali".

A questo punto il padre di Rao sporse denuncia contro Amma, chiedendo l'intervento della polizia per riavere il figlio che, a suo dire, era trattenuto con la forza da Amma. Così, il terzo giorno, il padre di Rao e alcuni parenti arrivarono all'ashram con un pulmino pieno di poliziotti. Rao si rivolse arditamente all'ufficiale: "Sono abbastanza maturo per decidere cosa fare della mia vita e sono libero di scegliere dove risiedere". Ma essi non prestarono attenzione alle sue parole e, con l'aiuto della polizia, i parenti decisero di ricoverarlo in un ospedale psichiatrico a Trivandrum. Durante il viaggio si fermarono a Kollam per il pranzo, ma Rao rifiutò di mangiare e rimase sul pulmino. Improvvisamente udì una voce interiore che diceva: "Se fuggi ora ti salverai, altrimenti ti distruggeranno".

Un attimo dopo un auto-risciò si fermò proprio davanti a lui e senza un attimo di esitazione Rao salì a bordo. Indicò la sua destinazione al guidatore e gli chiese di procedere in fretta. Non aveva in tasca nemmeno un centesimo. A quell'epoca, uno dei residenti dell'ashram abitava temporaneamente a Kollam per prepararsi alla laurea in filosofia. Rao andò da lui e gli raccontò l'accaduto. Quella sera stessa, con l'aiuto di alcuni devoti, lasciò il Kerala per raggiungere la Chinmaya Mission a Bombay. Quando i suoi parenti vennero a sapere che era andato a Bombay, cercarono di nuovo di arrestarlo e per sfuggire Rao partì per l'Himalaya. Non aveva denaro a sufficienza per il cibo e il viaggio, né abiti pesanti per proteggersi dal freddo. Ma in qualche modo raggiunse l'Himalaya, dove vagò di villaggio in villaggio. I suoi abiti si erano logorati e il giovane era diventato un mendicante nomade che elemosinava il cibo e meditava sotto un albero o in una caverna. Passarono così alcuni mesi e infine ricevette una lettera da Amma presso un indirizzo che le aveva segnalato. Diceva semplicemente: "Figlio, torna. Non ci sono più problemi".

Rao fece ritorno all'ashram e Amma lo mandò a far visita ai genitori, che avevano imparato una buona lezione. Sembravano meno severi ed erano felici di rivedere il figlio. Cercarono ancora di tentarlo, ma quando si resero conto che il loro atteggiamento antagonistico non portava a nulla, cercarono di cambiarlo con modi affettuosi. Tutti i loro sforzi furono ridotti in cenere dal fuoco dell'intenso distacco di Rao. Nel 1982 si unì all'ashram come residente e continuò indisturbato le sue pratiche spirituali.

Nealu (Swami Paramatmananda Puri)

Neal Rosner nacque a Chicago nel 1949. Per via dei suoi samskara precedenti comprese fin dall'adolescenza, grazie al discernimento, i lati positivi e negativi della vita mondana. Raggiunse l'India avendo già sviluppato il distacco. Dal 1968 al 1979 soggiornò a Tiruvannamalai, dedicandosi alla sadhana. Arrivò a Vallickavu nel 1979. Durante il viaggio in treno era malato e costretto a letto. Soffriva di vari disturbi, come stanchezza, debolezza, acuti dolori alla schiena e allo stomaco, difficoltà sia a stare seduto che a camminare, ecc.

Arrivato all'ashram, durante il primo incontro con Amma Nealu non ebbe alcuna esperienza speciale. Ma la notte seguente, durante il Krishna Bhava, sentì che qualcosa di molto spirituale stava entrando in lui dal tempio, immergendolo nella beatitudine. Per qualche ragione si mise a piangere e si sentì molto sollevato dal dolore che lo tormentava da tempo. Entrò nel tempio e guardando Amma negli occhi vide la luce della pace e la beatitudine interiore. Vedendo l'equanimità della Madre e il flusso torrenziale di pace che emanava, si convinse che era un *jivanmukta* (un'anima liberata). Attraverso la sua grazia, Nealu comprese fin dall'inizio che Amma manifestava la propria divinità solo durante i Bhava e che per il resto del tempo la teneva nascosta. Nealu si ritrovò elevato ad un piano di beatitudine divina. Pregò Amma di indicargli il cammino verso la beatitudine eterna e lei acconsentì.

Una volta Nealu chiese alla Madre di donargli la devozione. Amma, ridendo con l'innocenza di una bambina, disse: "Come faccio? Sono matta". Quello stesso giorno, mentre il Devi Bhava stava per finire, Amma mandò a chiamare Nealu, che si trovava in piedi vicino alla porta ad osservarla. Improvvisamente Nealu vide il viso della Madre illuminarsi. Lo splendore aumentò fino al punto in cui Nealu non vide che luce tutt'intorno. Ogni cosa scomparve. Non c'era più Amma, né il tempio, né i dintorni, né il mondo. Al posto della Madre c'era un luminoso splendore. Questa luce si diffondeva in tutte le direzioni, avvolgendo lo spazio intero. Poi il bagliore iniziò a ridursi sempre più, fino a diventare un lumino, e quindi scomparve. Nealu era esterrefatto. Si sentiva stordito. Aveva sentito la presenza di Amma dentro di sé. Era in uno stato in cui il solo pensiero di quella visione gli riempiva gli occhi di lacrime. Dopo questa visione passò quattro notti senza dormire, immerso in quella esperienza divina. Percepiva anche un profumo sublime costante. Nealu decise così di fermarsi a praticare la sadhana. Amma fu d'accordo. La Madre gli benedì il mala di rudraksha che portava al collo, che per diversi anni emanò profumi diversi in momenti diversi.

Senza cure mediche, ma solo attraverso un divino sankalpa di Amma, Nealu migliorò considerevolmente. Ora riusciva a stare seduto, in piedi e a camminare. Iniziò a sentire dentro di sé la presenza costante di Amma e anche un continuo flusso di pace e beatitudine.

Una volta ebbe un forte attacco di tosse, incontrollabile e molto fastidioso. Durante il Krishna Bhava Amma gli mise le mani sulla testa e sul torace, e Nealu ebbe di nuovo la visione di quella luce divina. Capì che quella luce dimorava anche in lui e che il corpo non gli apparteneva veramente. Questa inebriante esperienza divina durò a lungo e la sua salute migliorò.

Una sera Nealu non stava partecipando ai bhajan a causa di una severa emicrania. Era sdraiato nella sua capanna con gli occhi chiusi, quando vide di fronte a sé una luce che scomparve quasi subito. Poi la vide di nuovo e percepì la presenza divina della Madre. Il mal di testa scomparso all'improvviso, Nealu si alzò e partecipò ai bhajan.

Per grazia di Amma, i suoi disturbi fisici si alleviarono. Ma, cosa ancora più importante, dovunque si trovasse Nealu percepiva la presenza di Amma e una beatitudine e pace costanti. Tutto ciò era dovuto alla sua vicinanza alla Madre. Se quando era a Tiruvannamalai aveva optato per lo *jnanamarga* (il sentiero della conoscenza), ora preferiva il *bhaktimarga* (il sentiero della devozione). Egli dichiarò: "Questa è la benedizione che ho ricevuto da Amma". Nealu dice che, se non avesse praticato una severa disciplina spirituale per molti anni, non sarebbe stato in grado di comprendere o assorbire i consigli spirituali di Amma. Egli crede fermamente che solo attraverso le benedizioni della Madre si possa raggiungere la meta.

Nei primi tempi c'era una estrema carenza di denaro. Qualcuno aveva espresso la propria preoccupazione alla Madre: "Come faremo a gestire l'ashram?", ma lei aveva risposto: "Non abbiate timore. Presto arriverà la persona che si prenderà cura delle attività dell'ashram". Dopo non molto, arrivò Nealu, che si assunse le responsabilità finanziarie dell'ashram. Nealu servì Amma con sincerità, occupandosi perfino dei minimi dettagli ed eseguendo il suo servizio con estrema pazienza e amorevole attenzione.

Saumya (Swamini Krishnamrita Prana)

Saumya arrivò per la prima volta all'ashram della Madre nel 1982. Già in Australia si era interessata alla vita spirituale ed aveva vissuto in un ashram per diversi mesi prima di raggiungere l'India e trasferirsi nel quartier generale di quello stesso ashram, vicino a Bombay. Mentre viveva lì, le fu presentato un devoto di Amma che in quel periodo studiava nella Chinmaya Mission. Le parlò a lungo di Amma e delle proprie esperienze con lei, e disse a Saumya di avere la sensazione che fosse anche lei figlia di Amma, e che se l'avesse incontrata, avrebbe voluto trasferirsi presso di lei. Fu esattamente quello che successe. Dopo aver vissuto in un ashram con migliaia di persone, molte delle quali occidentali, per Saumya fu un profondo e incantevole shock visitare un piccolo e umile ashram, dove a quel tempo vivevano in poche capanne solo quattordici persone.

Essendo stata informata da quel devoto che Saumya sarebbe venuta in visita, Amma andò ad abbracciarla quando la vide entrare nella capanna del darshan. Saumya fu colpita dall'amore e dalla tenerezza che Amma le dimostrava. Nell'ashram dove viveva era permesso solo inchinarsi e toccare i sandali del Guru, mentre il Guru sedeva a rispettosa distanza. Ma qui Amma accarezzava teneramente i suoi devoti con un amore e una compassione che Saumya non credeva esistessero.

A quei tempi a volte Amma si comportava come una ragazza folle e si sdraiava sulla sabbia, o mangiava cibo raccolto da terra. Entrava spesso in samadhi mentre cantava i bhajan o semplicemente dando il darshan alle persone. Amma viveva molto semplicemente, dedicando tutto il suo tempo a Dio e alla gente, a ogni ora del giorno. Niente era per sé. Sedeva sulla sabbia persa nell'amore di Dio, piangendo per Dio, cantando a Dio tutto il tempo. Dio era il solo fulcro dei suoi pensieri e, quando non era immersa in Dio, amava il suo prossimo. Non poteva nascondere questo amore, che sprizzava da ogni poro del suo corpo.

Prima di venire da Amma, Saumya amava viaggiare e pensava che un giorno avrebbe avuto una famiglia. Ma questi desideri svanirono completamente dopo aver conosciuto Amma. Dopo aver compreso la verità spirituale che il solo significato di questa vita è di realizzare Dio, sentì che non poteva tornare in occidente fingendo che quella fosse la vera vita. Voleva vivere con Amma, desiderava che Amma fosse il suo Guru e la disciplinasse.

Dopo un breve periodo di vita all'ashram, Amma le chiese di occuparsi delle sue necessità durante i Bhava darshan. Era un grande onore e un grande piacere, ma anche un impegno difficile, poiché Saumya non conosceva il malayalam. Uno dei suoi compiti era di asciugare il viso di Amma durante il Devi Bhava.

Sebbene il corpo non le sudasse, il suo volto era spesso umido per il sudore dei devoti, poiché il tempietto era sempre molto caldo e affollato. Amma voleva che le si asciugasse il viso dopo ogni paio di persone, per non creare disagio ai devoti successivi. Saumya aveva soggezione ad asciugare il viso della Madre Divina, ma non aveva scelta poiché a quel tempo Amma non lo faceva mai da sé.

La Madre Divina era solita apparire a Saumya di notte, in sogno, risplendente di luce, chiedendole di asciugarle il viso. Questi sogni erano così reali che Saumya balzava su dal letto e a volte si metteva a cercare la salvietta per asciugarle il viso, sentendosi in colpa perché stava dormendo. A volte divideva la camera con un'altra ragazza, che si chiedeva cosa stesse facendo nel mezzo della notte. Quando Saumya si rendeva conto che era notte fonda, che il Devi Bhava era terminato e si trattava solo di un sogno, si scusava con Amma e tornava a dormire. Questi sogni si verificavano una o più volte alla settimana e durarono per alcuni anni.

Avendo visto la precarietà di tutte le gioie della vita mondana, Saumya arrivò all'ashram desiderando condurre una vita spirituale. Nei primi anni dell'ashram, Amma era solita parlare di quanto fosse importante il servizio, ma Saumya non pensava che la cosa la riguardasse. Con il passare degli anni sembrava che Amma parlasse sempre di più del servizio. Nel cuore di Saumya a poco a poco sbocciò il desiderio di servire il mondo, nato dal seme che Amma aveva piantato e nutrito con il suo amore e le sue cure. Ora è diventato il desiderio più grande del suo cuore. La sua preghiera segreta è: "Amma, dammi la forza e la purezza di poter servire il mondo".

Madhu (Swami Premananda Puri)

Madhu nacque nelle isole Reunion, una colonia francese, da una famiglia di origine indiana. Già dall'infanzia aveva un intenso desiderio di diventare sannyasi.

Nel 1976, Madhu arrivò in India e si recò all'ashram di Sri Ramakrishna. Chiese a Swami Viveshwarananda del Belur Math se gli consigliasse praticare sadhana sull'Himalaya, ma lo Swami rispose che per lui era più indicato il sud dell'India. Seguendo questo consiglio, stava facendo pratiche spirituali all'Arunachala quando qualcuno gli disse: "Sembri un devoto di Kali. Kali è a Vallickavu. Vai a trovarla".

Fu così che Madhu raggiunse Vallickavu nel 1980, durante il Bhava darshan. All'interno del tempio, Amma disse ad una devota: "Mio figlio Madhu sta aspettando fuori. Vai e accompagnalo qui". Nel varcare la soglia del tempio e vedendo Amma, Madhu scoppiò in lacrime. La Madre gli disse: "Da quanto tempo ti sto aspettando".

Il giorno seguente, Amma, tenendo in mano una foto di Viveshwarananda, chiese ai presenti chi fosse quella persona. Madhu, che le sedeva vicino, disse: "E' Viveshwaranandaji." Amma rispose: "E' una brava persona". E disse a Madhu di averlo visto durante la meditazione. Era stato davvero lungimirante a mandare Madhu nell'India del sud! Durante il Devi Bhava Amma diede il *mantra diksha* (iniziazione) a Madhu.

Nel 1982 Madhu celebrò il compleanno di Amma alle Reunion. Fondò una sede del Mata Amritanandamayi Math alle Reunion e si dedicò alla diffusione del *Sanatana Dharma*[3]. Madhu era un buon aspirante spirituale che possedeva qualità come l'umiltà, la conoscenza, la compassione e una buona capacità di lavorare.

---

[3] Letteralmente "L'eterna via della vita", nome tradizionale dell'Induismo.

Madhu ha dichiarato la sua fedeltà alla Madre dicendo: "E' Amma che ha fatto di me quello che sono. Se non l'avessi incontrata, avrei condotto una vita ordinaria. E' solo grazie ad Amma se posso rimanere sul cammino della rinuncia. Molto più delle capacità individuali, è la grazia del Guru ad essere importante per il progresso spirituale".

Capitolo 13

Amma come Maestro spirituale

Chi è un essere umano perfetto? Se si pone questa domanda a un giovane moderno, egli risponderà che la persona ideale è un multimilionario molto influente e di bell'aspetto, o un leader politico di alto livello; oppure dirà il nome di qualche stella del cinema dall'aspetto romantico, o di un giocatore di cricket. E' un peccato che la gioventù di oggi non concepisca una società senza film, politica e romanzi, considerati una forza vitale. Ma tutto questo ha qualcosa a che fare con la nostra vita e l'edificazione del carattere? Cosa rende una persona bella e perfetta? Che cosa aggiunge dolcezza e fascino alle nostre azioni? Qual è il fattore che rende qualcuno immortale e adorabile? Una delle suddette qualità? Una persona matura, dotata di discriminazione, indubbiamente dirà: "Certo che no!". Ma allora? Per dirla in breve si tratta dell'integrazione delle virtù interiori, che a loro volta si manifestano come virtù esteriori. Questo è quanto si può provare alla presenza di Mata Amritanandamayi, una meravigliosa combinazione di amore incondizionato e beatitudine.

Persone provenienti da differenti ceti sociali, ognuna secondo il proprio livello di comprensione e maturità mentale, descrivono Amma in modo diverso. Ad esempio, se chiediamo chi sia Mata Amritanandamayi ad una persona il cui intelletto è ancorato al livello materiale, questa risponderà: "E' una donna straordinaria che può curare malattie inguaribili con un semplice tocco o uno sguardo". Potrebbe anche dire: "Può risolvere i vostri problemi terreni ed esaudire facilmente ogni vostro desiderio". Se la stessa domanda viene posta a qualcuno dotato di un intelletto più sottile, la risposta sarà: "Oh, Amma è veramente incredibile. Può concedervi molti poteri psichici. E' dotata di telepatia e chiaroveggenza. Per lei trasformare l'acqua in latte e panchamritam è una sciocchezza. Tutti gli otto poteri mistici sono sotto il suo controllo". E così via. La risposta di un vero ricercatore spirituale sarà: "Per un aspirante spirituale, Amma è la Meta ultima da realizzare. E' la sorgente e il sostegno dei veri cercatori e li aiuta ad attraversare il sempre mutevole oceano del samsara. La sua natura è amore e compassione, è un'autentica testimone delle verità espresse nei Veda e negli altri testi sacri mondiali. Se si prende rifugio ai suoi piedi, sicuramente la meta è a portata di mano. E' un Maestro perfetto e una Madre sublime".

Secondo chi segue il sentiero della devozione (*bhakti yoga*), Amma è la devota per eccellenza. In lei si manifestano pienamente i vari aspetti della devozione suprema. Quando qualcuno che segue il sentiero della conoscenza (*jnana yoga*) osserva Amma, capisce dalle sue parole e azioni di aver di fronte una perfetta conoscitrice del Sé. Per chi segue sinceramente il sentiero dell'azione (*karma yoga*), Amma è una *karma yogini* perfetta. Queste sono tutte opinioni parziali, nate dall'esperienza e comprensione limitate di ognuno. Ma attraverso un assiduo contatto con Amma e un'osservazione senza pregiudizi e presunzioni, si può comprendere che Amma è un'integrazione di tutti questi aspetti.

In malayalam c'è un proverbio che dice: "Paziente come la Terra." Madre Terra sopporta ogni cosa. Le persone la prendono a calci, le sputano addosso, la dissodano con l'aratro, scavano in lei, le aprono il petto usando attrezzi appuntiti per la coltivazione e altri scopi. Costruiscono perfino palazzi di cento piani su di lei, ma lei sopporta tutto pazientemente. Non si lamenta. Non disprezza nessuno, ma serve e nutre tutti nel miglior modo possibile. Allo stesso modo, Amma dimostra un'infinita pazienza nel riformare il carattere dei suoi figli. Attende pazientemente finché i discepoli diventano abbastanza maturi da essere disciplinati. Fino ad allora, li bagna nel suo amore altruistico, perdonando tutti gli errori che possono commettere.

Studiando in profondità la grande tradizione degli antichi saggi e santi dell'India e osservando il modo in cui essi istruirono e illuminarono i loro discepoli, non è difficile comprendere la natura straordinaria del rapporto tra Guru e discepolo. La Madre dice: "All'inizio un *Satguru* (Maestro perfetto) non darà istruzioni troppo severe al discepolo. Semplicemente lo amerà. Legherà a sé il discepolo con il suo amore incondizionato. Il forte impatto prodotto da questo amore permetterà al Guru di lavorare sulle *vasana* (tendenze mentali latenti) del discepolo. Lentamente, attraverso istruzioni ferme ma amorevoli, il Guru disciplinerà e riformerà la personalità del discepolo. In un vero rapporto tra Guru e discepolo, è difficile distinguere chi sia il Guru e chi il discepolo, perché il Guru sarà più umile del discepolo e il discepolo più umile del Guru". All'inizio il Guru, oltre a dimostrare grande amore per il discepolo, può perfino in una certa misura assecondarne i capricci e le fantasie, ma quando capisce che il discepolo è abbastanza maturo per iniziare seriamente la pratica spirituale, inizierà a disciplinarlo. Una volta iniziata la disciplina, sebbene sia colmo di amore per il discepolo, che in verità è per lui come un figlio, il Guru non dimostrerà più molto il proprio amore. Il suo unico scopo sarà rendere consapevole il discepolo del proprio Sé. In altre parole, il fatto stesso di disciplinarlo è un altro modo di esprimere il proprio amore. Quello è vero amore, trasformare il discepolo in un gioiello.

Indicando e correggendo i difetti dei suoi figli, Amma dice: "Sono come un giardiniere con un giardino pieno di fiori. Non ho bisogno di occuparmi dei fiori più belli che non hanno imperfezioni, ma devo eliminare insetti e parassiti dai fiori e dalle piante che ne sono infestati. Per togliere gli insetti, può darsi che debba pizzicare i petali e le foglie; il che è doloroso, ma è solo per salvare i fiori e le piante dalla rovina. Allo stesso modo, Amma lavorerà sempre con le debolezze dei figli. Il processo di purificazione è doloroso, ma è per il vostro bene. Le virtù non hanno bisogno di attenzione, ma se le vostre debolezze non vengono eliminate, distruggeranno anche le virtù. Figli miei, potreste pensare che Amma sia arrabbiata con voi. Nemmeno per sogno. La Madre vi ama più di chiunque altro, ecco perché fa tutte queste cose. Amma non desidera altro da voi se non il vostro progresso spirituale".

Non si vede mai Amma seduta su un trono a ordinare ai suoi figli spirituali e ai devoti di fare questo e quello. Li istruisce e allo stesso tempo dà loro l'esempio con le proprie azioni. L'umiltà e la semplicità sono il marchio della grandezza. La Madre ne è un esempio vivente. Lei è più umile del più umile e più semplice del più semplice. Ella dice di se stessa: "Sono la serva dei servi; questa vita è per gli altri. La felicità dei suoi figli è la ricchezza e la salute di Amma".

La Madre ha un metodo meraviglioso per distruggere l'ego e le altre tendenze negative dei suoi figli. E' un guerriero invincibile. Prepara il terreno per mettere alla prova la maturità mentale e il progresso spirituale dei suoi figli creando una situazione idonea, senza provocare il minimo sospetto. Quando ci si rende conto della serietà della situazione, tutti i nemici interiori si sono già fatti avanti e il discernimento dell'intelletto ha ceduto il passo all'emotività della mente. A quel punto Amma utilizza l'occasione per rimuovere l'egoismo dei figli. Le sue armi potenti colpiscono l'obiettivo senza fallire e con il passare del tempo le tendenze negative di chi cerca la sua guida diventano sempre più deboli. L'episodio seguente illustra alla perfezione questa procedura.

Alcuni anni fa, il brahmachari Nealu portò una macchina da scrivere portatile da Tiruvannamalai, dove aveva abitato in precedenza. Sebbene Balu non sapesse scrivere a macchina, prese un foglio di carta e per semplice divertimento scrisse: "Madre, fai di me il tuo schiavo". Amma, che era seduta lì vicino e stava parlando con Nealu, improvvisamente si volse verso Balu e gli chiese: "Figlio, cosa stai scrivendo?". Balu le tradusse il significato della frase in malayalam. Senza chiedere o dire altro, Amma continuò a parlare con Nealu.

Dopo un quarto d'ora Amma disse a Nealu: "Sto per mandare Balu all'estero". Per Balu fu una shock udire queste parole dalla bocca della Madre, poiché aveva già lasciato due impieghi per restare in sua presenza per sempre. "Cos'hai detto, Madre?", chiese ansiosamente.

"Sì, abbiamo bisogno di denaro per l'ashram. Il numero dei residenti sta aumentando e non abbiamo entrate per mantenerli tutti. Devi andare a lavorare", rispose Amma.

Bastò questo. Le debolezze interiori di Balu furono subito pronte all'attacco e lui disse con veemenza: "No, non voglio lavorare. Non posso allontanarmi da qui. Sono venuto qui per restare con Amma e non per fare un lavoro mondano e guadagnare del denaro". Ma Amma continuò a insistere, finché l'ira di Balu traboccò. Le sue tendenze negative esplosero.

Improvvisamente, con voce dolce Amma gli disse: "Figlio, cos'hai battuto a macchina solo pochi minuti fa? Se vuoi diventare il servo di Dio, devi abbandonare tutto ai suoi piedi. Se la mente non è pura, Dio non dimorerà nel tuo cuore. Diventare il servo di Dio significa accettare tutte le esperienze, buone o cattive, propizie o non propizie, con mente equilibrata. Considera ogni cosa come volontà di Dio. Figlio, non voglio la tua ricchezza. Quando ti vedo piangere per Dio, sono così felice che il mio cuore trabocca per te". Appena Amma ebbe pronunciato l'ultima parola, entrò in estasi. Le lacrime le scivolavano lungo le guance e il suo corpo diventò immobile. Questo durò per un'ora, e alla fine ritornò adagio sul nostro piano di esistenza.

Balu era pieno di rimorso. Le cadde ai piedi e la pregò di perdonarlo: "Madre, ti prego, purifica il mio cuore, liberami da ogni pensiero e azione impura. Fa di me un perfetto strumento nelle tue mani". Lei lo consolò dicendo: "Figlio, non preoccuparti. Sei venuto da Amma ed ora è sua responsabilità prendersi cura di te e renderti perfetto". Udendo queste parole, Balu si sentì pieno di pace e gioia.

La Madre una volta disse: "Figli, voi siete felici se Amma vi mostra sempre un viso sorridente. Se dice qualcosa che non vi piace, allora pensate che non vi voglia bene; ma non è così. Amma cerca solo di rendervi più forti. Per rinforzarvi spiritualmente, tutte le debolezze mentali devono essere eliminate. Per raggiungere quel fine, esternamente a volte Amma si mostra arrabbiata. E' necessario per farvi imparare. Prendete per esempio una mucca che sta allegramente mangiando le foglie di una giovane palma da cocco. Non è sufficiente dire: 'Cara mucca, ti prego, non mangiare le foglioline; la pianta avvizzirà'. La mucca non si muoverà nemmeno di un centimetro. Ma se prendete un bastone e le gridate: 'Vattene, vattene!', la mucca smetterà immediatamente. La collera della Madre è di questo genere. Figli, Amma non ha nemmeno un grammo d'ira verso di voi. Ricordatevi sempre che Amma non ha motivazioni egoistiche e agisce solo per il vostro progresso spirituale. Se Amma vi dimostrasse sempre il suo amore e il suo affetto, allora non vi volgereste all'interno per cercare il vostro vero Sé. Figli, una persona mondana deve solo occuparsi della moglie e dei figli, ma un vero sannyasi deve caricarsi sulle spalle il peso del mondo intero. Perciò dovete diventare più forti". Una volta, dopo il consueto darshan, Amma andò a riposare alle quattro del mattino. Dopo che fu entrata nella sua capanna e si fu sdraiata, un residente dell'ashram si mise a dormire davanti alla porta chiusa per assicurarsi che nessuno la disturbasse. Proprio in quel momento, arrivò in cerca della benedizione della Madre una donna che aveva perso l'autobus e aveva percorso a piedi i trentacinque chilometri da Kollam all'ashram. Quando seppe che Amma era andata a dormire, rimase molto delusa ma con un impeto di speranza chiamò Amma ad alta voce un paio di volte. Nel sentire la voce della donna, il residente sdraiato davanti alla porta della Madre si alzò e rimproverò la donna perché disturbava Amma e le chiese di andarsene. Amma aveva intuito ciò che stava accadendo, aprì la porta e uscì ad incontrare la devota. Dopo alcune affettuose domande, Amma la consolò assicurandole che i suoi problemi si sarebbero risolti.

Rivolgendosi alla persona di guardia davanti alla porta, Amma disse con tono serio: "Io non sono qui per riposare e godermi le comodità, ma per servire gli altri e alleviare le loro sofferenze. La loro felicità è anche la mia. Non voglio il servizio di nessuno. Sono qui per servire. Devo essere libera di incontrare chiunque in qualsiasi momento. Non permetterò a nessuno di impedirmi di vedere i devoti che vengono a cercare sollievo e soccorso. Non capisci con quante difficoltà arrivano fin qui con i loro pochi risparmi per alleggerire il loro cuore dolorante? Se questa scortesia si ripete e si cerca di impormi delle regole, come ad esempio incontrare i devoti solamente in determinati momenti, scioglierò questa organizzazione. Non voglio una missione se non serve all'umanità sofferente. Una missione deve essere dedicata al servizio". Così dicendo proibì ai residenti di dormire davanti alla sua capanna.

In un'altra occasione, una donna ammalata che era venuta all'ashram per chiedere consiglio alla Madre, le aveva vomitato sul vestito. Una ragazza che si curava personalmente della Madre raccolse il vestito sporco con un bastone e stava per consegnarlo a chi lo avrebbe lavato. Vedendo questo, Amma la rimproverò dicendo: "Se non sei capace di vedere il Divino in tutti e di servire tutti allo stesso modo, a cosa serve aver fatto tanti anni di meditazione e servizio? C'è qualche differenza tra me e questa donna ammalata?". Con queste parole, Amma prese la veste e la lavò lei stessa, proibendo alla ragazza di servirla per alcuni giorni.

La sola presenza di Amma è sufficiente ad ispirare i devoti. Può dar loro la forza di affrontare qualunque cosa in qualunque momento. Per esempio, se all'ashram bisogna trasportare mattoni, sabbia e altri materiali da costruzione, o anche svuotare la fossa biologica, pulire o aiutare i muratori nei lavori pesanti, i residenti corrono qua e là nel tentativo di radunare un po' di devoti che diano una mano. A volte ciò si verifica alle tre o alle quattro del mattino, quando il Bhava darshan è finito e tutti i devoti stanno per andare a dormire. Improvvisamente arriva Amma, che è sempre la prima ad iniziare il lavoro. Nonostante sia rimasta seduta dalle sei della sera precedente fino alle tre o alle quattro del mattino, la si vede lavorare con allegria ed entusiasmo. Ben presto si sparge la voce che Amma sta trasportando mattoni, acqua o altro, e i devoti accorrono da ogni dove. La cosa più interessante è che un lavoro che normalmente durerebbe sei o sette ore, viene completato in un paio.

Per far dimenticare ai devoti la fatica del lavoro, Amma li fa ridere con il suo grande senso dell'umorismo e accende anche un piccolo falò per preparare bevande calde e arachidi tostate che poi distribuisce ai devoti impegnati nel servizio. Nel bel mezzo del lavoro Amma istruisce tutti dicendo: "Figli, mentre siete impegnati in un qualunque lavoro, cercate sempre di ripetere il mantra o di cantare dei bhajan. Solo le azioni che vengono offerte al Signore sono considerate vere azioni e allora l'azione diventa karma yoga. Altrimenti è *karma bhoga*[1]. Anche quando andavano a vendere il latte e il burro, le gopi di Vrindavan gridavano: 'Krishna, Madhava, Yadava, Keshava...'. In cucina scrivevano i vari nomi di Krishna sui contenitori delle spezie e delle provviste. Contemporaneamente svolgevano anche i lavori domestici. Non sedevano mai oziose, ma avevano sempre nel cuore la forma di Krishna e sulle labbra i suoi nomi divini. Figli, cercate di essere come loro".

Qualunque sia la domanda e chiunque la ponga, credente, ateo, razionalista o ostile, Amma risponde gentilmente, con calma e affetto, senza ferirli o sminuire le loro idee. Ad esempio, un giorno un giovane in visita all'ashram disse alla Madre: "Non ho fede nella filosofia spirituale e nei Maestri. Non è meglio servire l'umanità? Molte persone soffrono per la miseria e la fame. Cosa fanno per loro tutte queste cosiddette persone spirituali? Non sprecano semplicemente tempo nell'ozio?".

La Madre rispose con calma: "Figlio, ciò che dici è giusto. Naturalmente il servizio all'umanità è importante. La vita di un vero cercatore spirituale deve essere dedicata a questo. Amma è perfettamente d'accordo con te, ma cos'è il vero servizio? Vero servizio è aiutare senza aspettarsi nulla in cambio. Ma chi lo fa davvero? Se qualcuno desidera aiutare una famiglia povera, sicuramente dietro c'è una motivazione egoistica. Tutti cercano di mettersi in mostra. Amma sa che i consigli spirituali non sfamano i poveri. Dobbiamo provare amore e compassione per loro. La vera compassione e il vero amore nascono solo mettendo in pratica la spiritualità. Nella vita bisogna avere ideali elevati ed essere pronti

---

[1] Azione motivata dal desiderio di goderne i frutti.

a sacrificare ogni cosa per essi. Questa è spiritualità genuina. Procurare semplicemente del cibo non risolverà i problemi di nessuno. Dopo un po' ne avranno di nuovo bisogno. Il modo migliore è aiutare gli altri sia esteriormente che interiormente, nutrirli e allo stesso tempo renderli consapevoli della necessità di svilupparsi anche dentro. Ciò è possibile solo attraverso l'educazione spirituale. Questo tipo di servizio aiuterà a condurre una vita felice e bilanciata in ogni circostanza, perfino patendo la fame. In realtà, la spiritualità è ciò che ci insegna a condurre una vita perfetta nel mondo. Figlio, tutto dipende dalla mente. Se la mente è calma e tranquilla, perfino il più terribile degli inferni diventerà una dimora di felicità, ma se la mente è agitata, anche il più alto dei cieli diventerà un luogo di tremenda sofferenza. Questo è ciò che si guadagna dalla spiritualità e dai Maestri, la pace e la tranquillità senza le quali non si può vivere".

Anche l'individuo con la peggiore reputazione, odiato e considerato crudele persino dai propri genitori e parenti, è un caro figlio per Amma. Una persona simile dirà: "Amma mi ama più di tutti. Io le voglio bene più che alla mia vera madre. Sono suo figlio". Questa è l'impressione creata dalla Madre nel cuore dei devoti. Anche di un malfattore Amma dirà: "Che buon figlio è. E' molto innocente". Tralasciando le sue cattive qualità, ne loderà la bontà, che in realtà è forse infinitesimale.

Possiamo renderci conto direttamente che Amma è una sorgente inesauribile di energia spirituale e di creatività dinamica. Sebbene Amma si occupi con grande attenzione dei bisogni spirituali e materiali dei suoi devoti, rimane tuttavia sempre distaccata e pura.

Per esprimere la propria devozione e riconoscenza, un devoto può commentare: "Madre, sei così compassionevole con me. Per tua grazia la meditazione va bene e la mia mente è perfettamente in pace". Qualcun altro dice: "Amma, grazie alle tue benedizioni, tutti i problemi della mia famiglia si sono risolti e molti miei desideri sono stati realizzati". Udendo queste parole dei devoti, Amma qualche volta ride di gusto e risponde: "*Namah Shivaya!* Chi è Amma per benedire qualcuno? E' soltanto una pazza che vaga qua e là perché non c'è nessuno che la metta in manicomio. Io non sto facendo nulla. Dio fa tutto senza fare niente".

Le persone che vengono dalla Madre sono molto differenti tra loro. Alcuni le fanno domande sul *kundalini yoga*, mentre altri sono curiosi di sapere qualcosa del *nirvikalpa samadhi*, lo stato in cui si è stabiliti nel Sé supremo. La persona successiva può forse lamentarsi della cattiva salute. Alcuni genitori vengono piangendo perché il loro unico figlio è fuorviato e compie ogni sorta di cattive azioni, e chiedono ad Amma di salvarlo. Diversi giovani si lamentano perché hanno terminato gli studi da tempo ma non riescono a trovare lavoro. I mariti vengono dicendo che le mogli non sono sincere. Le mogli dicono che i mariti non le amano. Alcuni vengono a pregare Amma di punire il vicino o le raccontano che la loro mucca non dà abbastanza latte, o che le palme nel loro cortile non producono noci di cocco a sufficienza. Qualcuno chiede la sua benedizione per superare gli esami e un altro viene con una malattia incurabile. Alcuni genitori sono disperati perché il figlio sembra incline a condurre una vita monastica. Chi diventa un serio praticante spirituale dopo aver incontrato Amma viene a cercare la sua guida per procedere con la sadhana. In questo modo, il mondo intero viene a cercare le sue benedizioni. Amma non respinge nessuno. Ognuno viene trattato allo stesso modo, gli viene data la stessa quantità di amore e affetto e viene istruito secondo la propria maturità mentale e i propri bisogni. Lei non solo ascolta i loro problemi, ma aiuta anche a risolverli.

Ogni mattina verso le nove, Amma incontra i devoti che arrivano numerosi per avere il suo darshan. Chiamando ognuno a sé, Amma ascolta con attenzione i loro problemi dicendo: "Figli, non voglio altro da voi se non il vostro fardello di dolori. Amma è qui per questo". Resta seduta finché tutti sono stati ricevuti e consolati. Quasi ogni giorno il darshan dura fino al tardo pomeriggio. Poi, tornando nella sua stanza, Amma si occupa della posta o dà istruzioni ai residenti. E' impegnata a dare i consigli necessari per la direzione e l'amministrazione dell'ashram. Anche mangiando istruisce qualcuno oppure legge la lettera di un altro. Spesso capita che chiami una famiglia o una persona che è arrivata tardi per il darshan. Se è un giorno di Bhava darshan allora tornerà ancora verso le cinque del pomeriggio per condurre i canti devozionali. Dopo i canti, inizierà il Bhava darshan che può durare fino alle tre o alle quattro del mattino successivo. Fino ad allora, Amma resta seduta nel tempio a ricevere i devoti uno ad uno e ascoltare i loro problemi, spirituali o mondani che siano. Non si limita ad ascoltarli, ma li risolve anche con un semplice tocco, uno sguardo o un sankalpa. Mata Amritanandamayi è un fenomeno unico perfino in questa sacra terra dell'India. Tutt'uno con *Adi Parashakti*, l'Energia primordiale suprema, serve incessantemente il Creato con ogni suo respiro. Nella storia spirituale dell'India, Amma è senza eguali nella sua illimitata manifestazione di grazia e compassione verso l'umanità sofferente. Possa la sua vita divina servire come guida per tutti coloro che aspirano a conseguire la pace suprema e la beatitudine della realizzazione del Sé.

Om Namah Shivaya

Glossario

Adi Parashakti – Energia suprema primordiale.

Advaita – Letteralmente: "non due". Si riferisce al non-dualismo, il principio fondamentale del Vedanta, la filosofia dell'Induismo.

Ahimsa – Non-violenza.

Ambika – Un aspetto della Madre Divina.

Amma – Madre.

Amrita – Nettare dell'immortalità.

Ananda – Beatitudine.

Arati – Atto di adorazione della divinità o di un santo a conclusione della puja.

Archana – Rito devozionale nel quale si recitano i 108 o i 1000 nomi della Divinità.

Arunachala – Montagna sacra, manifestazione di Shiva.

Asana – Posizione yoga.

Ashram – Comunità residenziale in cui si praticano discipline spirituali; la dimora di un santo.

Atman – Il Sé.

Avatar – Incarnazione divina. Grande Anima pienamente cosciente della propria identità con il Divino fin dalla nascita.

Ayurveda – Antica scienza medica messa a punto dai saggi indiani.

Backwater – In Kerala, lagune e canali che scorrono paralleli alla riva del mare formando strisce di terra, a volte di poche centinaia di metri a volte più ampie, dove l'uomo riesce comunque a vivere. Con l'alta marea, l'acqua del mare si insinua nei canali mescolandosi con l'acqua dolce dei fiumi e facendoli regredire, per lasciar poi, con la bassa marea, posto all'acqua dolce che scorre così fino alle rive del Mare Arabico.

Baniano – Albero sacro.

Bhagavad Gita – Parte del Mahabharata. Contiene gli insegnamenti di Sri Krishna ad Arjuna, che sono l'essenza della saggezza vedica.

Bhagavan – Il Signore.

Bhagavatam – Testo che descrive le incarnazioni di Vishnu, specialmente Krishna e i suoi giochi divini.

Bhajan – Canto devozionale.

Bhakta – Devoto.

Bhakti – Devozione.

Bhava – Stato d'animo di assorbimento in Dio.

Bilva – Albero sacro a Shiva le cui foglie sono usate nell'adorazione.

Brahmachari – Discepolo celibe che svolge pratiche spirituali sotto la direzione di un Guru.

Brahma – Dio come Creatore. Divinità della Trimurti indù.

Brahman – la Verità suprema al di là di tutti gli attributi; il substrato onnisciente, onnipotente e onnipresente dell'universo.

Brahmino – Chi appartiene alla casta sacerdotale.

Chaitanya Mahaprabhu – Santo induista del XVI secolo.

Cinmudra – Gesto mistico della mano indicante l'unione con Dio.

Darshan – Incontrare o avere la visione di una Divinità o di un santo. Il darshan di Amma è unico in quanto prende la forma di un abbraccio materno.

Devi – La Madre Divina.

Devi Bhava – Stato divino o identificazione con la Devi.

Dharma – Rettitudine, giustizia. Ha molti significati tra cui: legge divina, legge dell'esistenza in accordo con l'armonia divina, dovere, responsabilità, i princìpi interiori della religione.

Dhoti – Capo di abbigliamento maschile che consiste in un telo avvolto intorno alla vita.

Diksha – Iniziazione.

Durga – Altro nome di Parvati, la Madre Divina.

Durga puja – Speciale adorazione alla Madre Divina.

Ganesh – Figlio di Shiva, con la testa di elefante.

Garuda – Il re degli uccelli, il veicolo di Vishnu.

Ghi – Burro chiarificato.

Gopi – Pastorelle di Vrindavan, la città in cui visse Krishna durante l'infanzia. Sue ardenti devote, rappresentano l'amore più intenso per Dio.

Guru – Guida, Maestro spirituale.

Hanuman – Incarnazione di Shiva sotto forma di scimmia, grande devoto di Rama.

Isvara – Il Signore.

Jnana – Saggezza.

Jnana yoga – Sentiero della conoscenza.

Japa – Ripetizione di un mantra o del nome di Dio.

Kali – La Madre Divina che assume, in un atto di immensa compassione, un aspetto feroce per distruggere l'ego dei devoti e trasformarli. Un devoto sa che dietro la sua feroce facciata si trova l'amorevole Madre che protegge i figli e concede la grazia della liberazione.

Kanna – Altro nome di Krishna.

Karma – Azione, legge di causa-effetto, destino.

Karma Yoga – Sentiero dell'azione.

Keshava – "Dalla bella chioma", un appellativo di Krishna.

Kirtan – Canti devozionali.

Krishna – La principale incarnazione di Vishnu. Nacque in una famiglia reale ma crebbe con genitori adottivi e visse come un giovane mandriano a Vrindavan, dove fu amato dai suoi compagni devoti, i gopa e le gopi. Cugino e consigliere dei Pandava, specialmente di Arjuna, al quale rivelò i suoi insegnamenti nella Bhagavad Gita.

Kshatriya – Casta dei guerrieri e dei governanti.

Kundalini – Energia spirituale latente in tutti gli individui.

Lila – "Gioco". I movimenti e le attività del Divino, che sono per natura spontanei e non soggetti ad alcuna legge.

Madhava – Appellativo di Krishna.

Mahabharata – Poema epico indiano composto dal saggio Vyasa.

Mahadeva – "Grande Divinità", un appellativo di Shiva.

Mahatma – Grande Anima o saggio.

Maheswara – Shiva.

Mala – Rosario.

Mantra – Formula sacra o preghiera ripetuta costantemente, che risveglia i poteri spirituali latenti, purifica la mente ed aiuta a raggiungere la meta. E' maggiormente efficace se viene ricevuta da un Maestro durante un'iniziazione.

Mantra japa – Ripetizione di un mantra.

Mata – Madre.

Maya – "Illusione". Il "velo" divino con il quale Dio, nel suo gioco della creazione, si nasconde e dà l'impressione della moltitudine, creando così l'illusione della separazione. Mentre Maya vela la realtà, ci illude facendoci credere che la perfezione e la contentezza possano essere trovati all'esterno.

Moksha – Liberazione dal ciclo della nascita e della morte.

Mudra – Gesto sacro fatto con le mani o con un oggetto per rappresentare delle verità mistiche.

Nirvikalpa samadhi – Assorbimento nella Realtà senza-forma; stato supremo del Sé.

Om – Sillaba sacra rappresentante la Realtà suprema. Radice di tutti i mantra.

Om Namah Shivaya – Mantra con varie interpretazioni, il cui significato è generalmente "Rendiamo omaggio a Colui che è eternamente benevolo".

Pada puja – Adorazione dei piedi di Dio, del Guru o di un santo. Come i piedi sorreggono il corpo, il principio del Guru sostiene la Verità suprema. I piedi del Guru rappresentano quindi la Verità ultima.

Paramatman – L'Anima suprema, o Dio.

Parabhakti – Devozione suprema.

Parashakti – Energia suprema.

Parvati – Consorte di Shiva, Madre dell'universo.

Pradakshina – Circumambulazione.

Prana – Energia vitale.

Prasad(am) – Offerta consacrata distribuita alla fine dell'adorazione.

Puja – Cerimonia di adorazione, rito devozionale.

Purusha – Lo Spirito, Dio, il Principio vivente.

Radha – Grande devota di Krishna.

Rajas – Una delle tre qualità della natura: attività.

Rama – Incarnazione di Vishnu.

Ramakrishna – Santo bengali del XIX secolo.

Ramana Maharshi – Grande saggio del XX secolo che visse ai piedi dell'Arunachala.

Ramayana – Poema epico indiano composto dal saggio Valmiki che narra la vita di Rama.

Rudraksha – Semi di un albero sacro a Shiva.

Rukmini – Moglie di Shiva e incarnazione della dea Lakshmi.

Rupia – Moneta indiana.

Sadhak – Aspirante spirituale.

Sadhana – Pratica spirituale.

Sadhu – Monaco errante.

Samadhi – Stato nel quale si ha la diretta esperienza del Sé.

Samsara – Oceano dell'esistenza mondana.

Samskara – Tendenze mentali acquisite attraverso le azioni passate.

Sanatana Dharma – Letteralmente "L'eterna via della vita", nome tradizionale dell'Induismo.

Sankalpa – Decisione creativa, integrale. Il sankalpa di una persona ordinaria non sempre porta i corrispondenti frutti; il sankalpa di un Essere perfetto manifesta inevitabilmente il risultato prefisso.

Sannyasi – Chi ha preso il voto formale della rinuncia. Indossa tradizionalmente una tunica di colore ocra a simbolo del fuoco che brucia ogni attaccamento.

Saraswati – Dea del sapere e delle arti, un aspetto della Madre Divina.

Satguru – Maestro spirituale realizzato.

Sattva – Una delle tre qualità della natura: luce, chiarezza, pace.

Shakti – Energia divina. L'aspetto dinamico di Brahman, la Madre universale.

Shiva – Una forma dell'Essere supremo. Il principio maschile, l'aspetto statico di Brahman. E' anche una delle tre principali divinità indù, associato all'aspetto della distruzione dell'universo, distruzione di ciò che non è reale.

Swami – Monaco.

Tamas – Una delle tre qualità della natura: oscurità, indolenza, sonno.

Tamil – Lingua del Tamil Nadu, stato dell'India del sud confinante con il Kerala.

Tapas – "Calore". Disciplina, austerità, sacrificio di sé: pratiche spirituali che bruciano le impurità della mente.

Upanishad – Porzione finale dei Veda che contiene gli insegnamenti sulla conoscenza del Sé.

Vasana – Tendenze latenti o sottili desideri della mente che tendono a manifestarsi in azioni e abitudini.

Veda – Scritture dell'Induismo. Sono tra le Scritture più antiche del mondo e sono considerati una diretta rivelazione della Verità suprema concessa agli antichi saggi dell'India. Sono suddivisi in quattro parti.

Vedanta – Letteralmente "la fine dei Veda", sistema filosofico basato sugli insegnamenti delle Upanishad. Il Vedanta dichiara che Dio è l'unica realtà e che il creato è essenzialmente un'illusione.

Vina – Strumento a corde.

Vishnu – Una delle tre principali divinità indù, associata all'aspetto del mantenimento dell'universo. Generalmente viene adorato nella forma di due incarnazioni: Krishna e Rama.

Vrindavan – Luogo in cui visse Krishna bambino.